礼拝堂（平成 31.4.16

礼拝堂上空（ドローン撮影）

空からの風景（ドローン撮影）

冬の博物館

博物館（ビデオ視聴）

博物館（石器・土器）

博物館（植物写真）

朗読会・講評

全校植林（ドローン撮影）

春季マラソン大会

神社山スキー

秋の本館

五輪展示林看板

校長杯ソフトボール大会

落葉松林・四町畑

平和山と掬泉寮

新世紀「ひとむれ」

北海道家庭学校の子ども達

仁原正幹

Nihara Masaki

はじめに

　北海道家庭学校は我が国の感化事業の先駆者である留岡幸助が百五年前の大正三年（一九一四年）に北海道のオホーツク地方・遠軽町に開設した児童自立支援施設です。かつては教護院、その昔は感化院と呼ばれていました。全国に五十八ある同種の施設のほとんどが国公立の施設であるのに対し、最も広大で最も北にある民間立の施設としてユニークな活動を展開しています。留岡幸助の精神を受け継ぐ職員達は今もなお北国の厳しく豊かな自然環境の下で、課題を抱えた子ども達と共に暮らし、寄り添い励ましながら、感化教育、児童自立支援の取り組みに日夜邁進しています。

「ひとむれ」は北海道家庭学校の機関誌の名称です。「一群」と漢字表記していた時期もありました。大事に保存されているバックナンバーを辿ると創刊は昭和五年（一九三〇年）まで遡り、爾来八十九年間脈々と刊行され続けてきています。毎月発行する手作り十二ページほどの小冊子のほかに、時折発行される記念号や特集号などの印刷本にも全てこの「ひとむれ」という誌名が付けられており、今日までに通巻で九六四号を数えています。「ひとむれ」には、北海道家庭学校における活動実践の様子が活き活きと伝わるよう、家庭学校の役職員や児童、さらには施設内で公教育を担う遠軽町立小・中学校「望の岡分校」の教員など多くの皆さんに寄稿していただいています。現在は毎月五百五十部余り印刷し、そのうち四百部ほどを全国の関係機関や支援者の皆さんなどにお送りしています。誌面の中で「巻頭言」は歴代の校長が執筆する習わしとなっており、私も着任してから五年間、「巻頭言」を執筆してきています。本書は、私が書き綴ってきた六十六本の「巻頭言」を取りまとめ、収録したものです。

北海道家庭学校の百五年の歴史の中で、かつて二十八年の長きにわたり校長の任に当たられた谷昌恒第五代校長は、著作や講演活動を通じて教護院時代の北海道家庭学校のことを広く世に知らしめられました。谷昌恒氏が著された『ひとむれ』（全九巻）も当時の機関誌「ひとむれ」の「巻頭言」を主体に取りまとめられたものです。その名著に比べるべきものもないのですが、創立百年の節目の年から北海道家庭学校の第九代校長を務めてきた私も同様の手法で取りまとめ、本書を著すことにしました。今日の児童自立支援施設としての北海道家庭学校の様子をご紹介するとともに、現代の児童虐待や発達障害などの問題を背景とする社会的養護への対応の状況や児童福祉についての私の思いなどを、さらに広く多くの皆さんに知っていただきたいと考えたからです。

書名を『新世紀「ひとむれ」』としたのは、北海道家庭学校の百年の歴史と伝統を踏まえた上で、次の百年に向けて、新世紀の北海道家庭学校がどうあるべきかを模索しながらの日々の営みと、そうした中での私の意気込み、子ども達への願い、職員や関係の皆様への思いなどを綴った内容であるからです。豊かな自然に恵まれた北海道家庭学校の四季の変化を感じていただきやすいように、また、季節毎に行われる行事を体験しながら次第に変貌し、成長していく子ども達の様子が伝わりやすいように、さらには、私の新米校長としてのたどたどしい歩みの跡も読み取っていただくために、敢えて年度毎、執筆順に掲載することにしました。内容に繰り返しや重複があることについてはご容赦願います。

本書が児童の自立支援、感化教育に深く関わり、社会的養護の真のあり方を模索されている方々の思索の一助となれば幸いです。さらには、広く多くの皆様に児童福祉への関心と理解を深めていただき、次世代を担う若い方々に児童福祉の道を志していただく切っ掛けになれば、望外の喜びです。

平成三十一年四月

仁原 正幹

新世紀「ひとむれ」

北海道家庭学校の子ども達

目　次

1　平成26年度

2　平成27年度

3 平成28年度

4 平成29年度

5　平成30年度

6 平成31年度

1

平成 26 年度
(2014 年度)

家庭学校正門

北海道家庭学校に着任して

四月一日に新校長として着任しました。前日まで北海道中央児童相談所長をしておりまして、三月三十一日付けで道を勧奨退職し、翌朝札幌の自宅を発って二百六十キロの道程を独りクルマを走らせ、昼頃遠軽に到着しました。

北海道家庭学校には、これまで岩見沢児童相談所や中央児童相談所から多くの子ども達の自立支援、生活指導などをお願いしてきました。また、道立向陽学院長時代には、同じ児童自立支援施設の仲間として親しくお付き合いをさせていただきました。東北・北海道地区の施設長会議で家庭学校を訪れた際には、創設者である留岡幸助先生の『一路到白頭（一路白頭に至る）』の胸像の横に立って勝手にツーショットを撮らせていただき、「私の場合『白頭に至りて志す』です」などとコメントして悦に入っていたこともあり、今から思うと汗顔の至りです。

このように北海道家庭学校とは浅からぬご縁があり、長年お世話になってきたものですから、我が国の感化院、教護院等のフロントランナーとして百十余年の輝かしい歴史と伝統を持つ家庭学校のことは私なりによく知っており、校長の任は荷が重過ぎると内心思っております。

しかしながら、近年北海道家庭学校が様々な要因から大変困難な状況にあり、往時八十五の児

北海道家庭学校本館

童定数が常に満床だったものが、現在は暫定定数が四十一にまで低下しています。児童相談所としてコンスタントに措置できる状況にないことなどもあり、何とか少しでもお手伝いをさせていただきたいとの思いで遠軽町留岡の地にやって来ました。

北海道家庭学校は今年百周年を迎えます。理事長以下役職員が一丸となってさらなる発展に向けて努力しているところです。引き続き多くの皆様のご支援ご協力をお願いいたします。［5月号］

北海道家庭学校の現況（一）

北海道家庭学校では現在四寮が稼働しており、全て小舎夫婦制の運営形態をとっています。道内の児童自立支援施設は三施設ともにこの形態を維持していますが、他県では時代の変遷とともに交替制等への転換が進み、現在全国的には小舎夫婦制は三割程度となっています。

稼働中の四寮のうち三寮は「一般寮」として、小学生、中学生、中学卒業生を対象に施設の敷地内での通常の処遇を行っています。残る一寮は「高校生寮」として高校生のみを対象に独立した寮運営が行われており、他にあまり例のないユニークな処遇形態をとっています。

「高校生寮」の児童の通学先は、近年では地元遠軽町の遠軽高校定時制（四年で卒業となる四修制に加えて、昨年から三年で卒業可能な三修制も制度化）と、近隣の紋別市にある紋別高等養護学校の二校であり、前者は毎日寮から通学、後者は平日は学校の寄宿舎に滞在し、週末に寮に戻る形をとっています。

遠軽高校定時制に通学する児童については、昼間の実習先と夜間の学校への送迎を、毎日必ず担当寮長等の職員が公用車で行っており、近年では実習先が多岐にわたっていることや、学校のクラブ活動参加の有無などから、送迎の時間と場所が児童によってまちまちの状況ですが、それぞれの児童の特性に応じたきめ細かな自立支援を行うために、個別的対応に努めています。

本校の「高校生寮」は平成八年の創設以来十七年の歴史を有しており、かつては夏場の自転車通学等も併用していたようですが、寄り道や怠学、持ち込みなどの問題行動のために中途退学を余儀なくされる事例も多かったことから、近年では全て公用車で送迎しています。

遠軽高校、紋別高等養護学校、そして実習先の事業主の皆さんの格別のご理解とご協力の元に、ほとんどの児童が三～四年の課程を無事修了し、卒業・就職自立に至っています。［6月号］

北海道家庭学校の現況（二）

北海道家庭学校でも長らく「学校教育に準ずる教育」として施設職員による「学習指導」が行われてきましたが、平成二十一年四月、道内の他の二施設と同時に公教育が導入されました。家庭学校には地元遠軽町立の東小学校と遠軽中学校の「望の岡分校」が開設され、今春六年目を迎えたところです。

公教育導入については、平成十年の児童福祉法改正に端を発するもので、「教護院」から「児童自立支援施設」への呼称変更に併せて、施設長に対して入所児童の就学義務が課せられたことが契機となっています。

しかしながら、教護院には「子どもの指導の三本柱」としての「生活指導」、「学習指導」、「作業指導」が有機的、一体的に行われなければならないという「生活と教育の一体化（生教一致）」の大原則があったので、「学習指導」だけを切り離して他機関に委ねることへの懸念や対応策の難しさなどから、全国的にも調整や準備に多くの時間を要してきた経過があります。全国の施設の中には未だに検討中のところもあり、また、導入はされたものの、学校教育と児童福祉の文化の違いなどから、なかなか共同歩調がとれずに苦悩しているところもあるようです。

ところが、着任してから三ヵ月、家庭学校と望の岡分校の連携の緊密さは目を見張るほどで、大変有り難く思っています。

毎朝の教職員全員での入念な打合せに始まり、日中も不断に情報交換が行われています。毎日の昼食会や毎月の誕生会の夕食会にまで教員の皆さんが参加され、給食棟で子ども達に「with の精神」で寄り添ってくれています。各種行事の共催はもちろんですが、週三回の作業班学習においても教員の皆さんと施設職員とが力を合わせて児童の指導に当たっており、将に「流汗悟道」の精神を体現した「生教一致」の取り組みが、ここ『森の学校』で展開されています。［7月号］

北海道家庭学校の現況（三）

北海道家庭学校には今日現在、高校生五名、中学卒業生六名、中学生十三名、小学生一名の総勢二十五名が在籍しています。高校生寮には先月までもう一人定時制の四年生がいましたが、二十歳に到達したために遠軽町内で一人暮らしを始めました。総じて年長児が多い状況で、義務教育終了後の児童数が四割を超える児童自立支援施設は、全国的にもあまりありません。

入所前の問題行動としては、多い順に挙げると、暴力行為、性的非行、怠学、不登校、家庭内暴力、金銭持出などがあり、近年は非社会的で不活発なタイプの児童が多くなっています。

入所児童の中には被虐待経験や発達障害を有する児童が非常に多くいて、ともに全体の七割以上を占めています。そのようなこともあって、半数以上の児童が精神科や心療内科に定期受診し、安定剤などを処方されています。

北海道家庭学校の伝統として作業指導には特に力を入れており、一般寮の二十人がそれぞれ蔬菜班、園芸班、山林班、酪農班、校内管理班に所属して日々汗を流しています。一学期の「作業賞」には五人が選ばれ、望の岡分校の終業式の中で表彰しました。因みに分校の学習指導の評価としての「学業賞」は三人、寮の生活指導の評価としての「努力賞」は一人が受賞しました。三賞を受賞することは子ども達の目標となっています。

今年は東京の巣鴨にあった家庭学校が北海道の遠軽に分校を開いて百年目に当たります。九月二十四日に予定している北海道家庭学校創立百周年記念式に向け、博物館のリニューアルや礼拝堂の鐘の復旧、各種資料の整理などいろいろと準備を進めています。昨年の旭川に続き先月は札幌でも大規模なチャリティーコンサートが開催され、大勢の皆さんにご支援をいただいたところ

です。報道を見て、卒業生等からも連絡が来ています。［8月号］

機関誌『ひとむれ』について（一）

毎月一日付けで発刊してきた本誌『ひとむれ』は、今月号で第九〇三号を数えることになりました。日曜礼拝の中で月に一度発表される子ども達の作文と校長の講評を掲載した『朗読会』とセットにして、毎月四百十五名の皆様にお送りしています。

この『ひとむれ』の創刊は今から八十四年前の昭和五年六月に遡ります。当初は北海道家庭学校の生徒の自治会「一群会」の機関誌としての性格を有するものであり、誌名も『一群』と漢字で表記されていました。その後誌名がローマ字表記となったり、漢字に戻ったりした経過がありましたが、昭和三十年の十月号から今日のひらがな表記の『ひとむれ』となっています。

現在当校の書庫には創刊号からのバックナンバーが全部大切に保管されており、先輩方の歴史と伝統を大事にされてきた精神と資料の収集・保存にかける熱意に驚かされました。ただし、何しろ戦前のことですから、藁半紙に謄写版刷りということで、紙が変色したり、字がかすれてしまったりで、判読が難しい部分も所々あります。

毎月刊行の『ひとむれ』は現在でも手書き・手作りの味わいを保ち続けています。一方で周年記念号などページ数の多い特集号については活字で印刷・製本されており、趣を異にしていますが、これら特集号についても通巻の号数に数えるのが習わしのようで、九月二十四日の創立百周年記念式の際にお配りする『創立百周年記念誌・ひとむれ』は、通巻第九〇四号になる予定です。

通巻の号数のことを調べてみますと、創刊後第十四号で何故か一旦リセットされ、その後第一五九号まで巻を重ねたものが昭和十二年に戦争の影響で休刊となり、昭和二十四年の再刊の時に再度リセットされてまた第一号から始まっているので、今月号の通巻号数は第一〇七六号というのが本当のところのようです。

［9月号］

「ひとむれ」バックナンバー（抄）

機関誌『ひとむれ』について（二）

九月発行の第九〇三号で機関誌『ひとむれ』の歴史や現況についてお伝えしたところですが、十月発行の本第九〇五号でもその続きを記載させていただくことにしました。先月号と今月号の間で通巻号数が一号飛んでいるのは、『創立百周年記念誌＝ひとむれ』という印刷・製本された冊子が通巻第九〇四号として九月二十四日の創立百周年記念式の日に発行されているからです。

読者の皆さんはもうお気づきのことと思いますが、今号から『ひとむれ』月刊号についても、『朗読会』と併せて手書きを廃して活字に切り替えることにしました。ほんの数ページの小冊子とはいえ、毎月一日発行を厳守してきた『ひとむれ』と『朗読会』の作成には実は非常に苦労してきました。毎月月末になると、締め切りギリギリに集まってきた原稿を二人の女性職員が手分けして手書きで版下を作成し、それを印刷して郵送の準備をしているのですが、通常業務の合間を縫っての作業であり、いつも綱渡りのような状態でした。

近頃ではほとんどの原稿がパソコンのワープロ機能で作成されており、既に電子化され活字となっているものをわざわざ手書きに変換する作業をしています。さらには、手書き故に文章の修正やレイアウトの調整にも手間がかかり、大きな負担となっていました。永年愛読していただいている方の中には熱烈な手書きファンもいらっしゃるようですし、私としても八十四年間続いてきた手書きの伝統を途絶えさせることには正直躊躇いもありましたが、近年の慢性的な人手不足の状況もあり、効率的な事務遂行と誌面の一層の充実を図るために、思い切って活字化に踏み切らせていただくことにしました。どうかご理解のほどお願いいたします。

余談ですが、『ひとむれ』八十四年の歴史の中でも、活字化を希求していたことがあったようです。前号でもご紹介しましたが、『ひとむれ』誌は元々生徒の自治会「一群会」の機関誌として出発したものであり、昭和九年発行の『人道』（これも家庭学校の機関誌ですが）誌面の「一群會の近況」という文章の中に、「一群會の出版部も発展して活版印刷機を設置して日刊の『一群』を発行するやうになったらどんなに愉快のことだらう。」という記載が残っています。ということで、新装成った『ひとむれ』と『朗読会』をお届けします。引き続きご愛読いただければ幸いです。

百周年記念式のことについては、次号に記させていただくつもりです。〔10月号〕

百年間のご支援に感謝申し上げます

北海道家庭学校の創立百周年記念式については、先月号でも理事長の式辞などいくつかの記事でご紹介したところですが、この巻頭言でも感謝の気持ちを込めて改めてご報告させていただきます。

九月二十四日の式典当日は、爽やかな秋晴れの好天に恵まれました。ご来賓の方々や支援者、感謝状贈呈者、関係機関の皆様に加え、卒業生や旧職員など三百名ほどのお客様にも式典に参加していただきました。在籍児童や分校の教員、それに法人・施設の役職員も合わせて、総勢三百五十名ほどが本校の体育館に集い、創立百周年を盛大にお祝いすることができました。

多くの皆様からご懇篤なお祝いの言葉を賜りますとともに、百年目の北海道家庭学校で生活している子ども達や私ども役職員にも温かな励ましの言葉をいただき、大変ありがたく思っております。改めてお礼を申し上げます。

また、百周年に際しましては、地元遠軽町の皆様を初め、全国各地、各方面からたくさんのご厚志をいただきました。お陰様で博物館のリニューアルも完了し、また、退所児童のための自立支援基金づくりの夢が大きく前進することになりました。心より感謝申し上げます。

北海道家庭学校は、児童自立支援施設としては非常に珍しい民間立の施設です（社会福祉法人が設置運営する児童自立支援施設は全国に二カ所のみで、他の五十六カ所は国公立の施設です）。民間施設ということもあって、これまで百年の間、多くの支援者の方々やボランティアの皆様、地域の皆様に物心両面にわたってご支援をいただいてきています。

私どもの仕事は、古くは感化教育事業、今は児童自立支援事業と呼ばれていますが、なかなか採算のとれる性質のものではありません。北海道家庭学校の運営には常に苦労してきた歴史があります。

そのような中で、物心両面のまず「物」について申しますと、これまで財政的に多大なご支援をいただいてきており、大変ありがたく、心強く感じております。お陰様で近年子ども達が生活している四つの寮舎も現在建て替え工事が進行中の石上館の完成によって全てが新しくなり、子ども達の寮の施設整備はこれで一段落となります。

次に物心両面の「心」の面についてですが、誌面が足りなくなりましたので、次号に書かせていただくつもりです。［11月号］

物心両面の「心」の面について

北海道家庭学校では、運動会や園遊会などのいろいろな行事や散髪などの機会に大勢の皆さんにご来校いただき、子ども達に親しく声をかけていただいています。ご馳走を作って一緒に食べながら子どもの話に耳を傾けてくださったり、一生懸命走っている生徒に大きなご声援をいただいたりしており、そのようなときに子ども達が、自分のことを大事にしていただいている、大切に思ってくださっている、社会の一員として尊重してくださっているということを実感できる、そのことが何よりもありがたいことだと、私は思っています。

北海道家庭学校の子ども達は、ここに辿り着くまでに家庭や学校や地域、あるいは前に居た施設で辛い思いをたくさんしてきています。彼等の特性から、誤解されたり、虐げられたり、仲間外れにされたりの連続で、その反動で反社会的な暴力行為に出たり、暴言を吐いたり、無視したり、あるいは非社会的に自分の殻に閉じこもって引き籠もり状態になったりしてきました。おまえはダメなやつだとか、要らないから出て行けなどと言われて、自分は価値のない人間だと思い込まされているので、自尊感情が著しく低くなっています。どうせ俺なんか……、別にどうなってもいいや……と、自暴自棄になって、目立つために何かしでかそうということになりがちです。

社会的養護の対象になる子ども達、特に児童自立支援施設の子どもの中には、なかなか人の気持ちがわからない、推し量って感じ取ることができない、いわゆるコミュニケーション能力に劣る子どもが大勢います。被虐待経験や発達障害による精神的な問題が原因として考えられています。

そうした子ども達に、普段家庭学校で仕事をしている施設職員や分校教員以外の人から、即ち大勢のボランティアの皆さんや実習先の支援者の方々などから温かい言葉をかけていただくことや、時には叱咤激励していただくことが、子ども達が「人の気持ちがわかるようになる」ために最も有効なことだと、私は考えています。

子ども達が将来「社会の一員として自立していける」ためには、「人の気持ちがわかるようになる」ことが必須の要件であり、大勢の皆様とのそうした「心」の触れ合いが、子ども達にとっての最大の贈り物なのだろうと、そんなふうに私は考えています。ボランティアや支援者の皆さんに改めて心より感謝申し上げます。［12月号］

『北海道家庭学校』新世紀元年

新年明けましておめでとうございます。北海道家庭学校は創立百一年目を迎え、今日から新しい世紀が始まりました。百年間の歴史と伝統を踏まえながら、現代社会の要請にも十分に対応できる新時代の児童自立支援施設を目指して、新しい取り組みも着実に進めていきたいと考えています。

新年第一号ということで、お年始代わりに詩を一篇ご紹介させていただきます。

私は二十三年ほど前の冬、北緯六十一度にある極寒の地を旅したことがあります。スウェーデンのレクサンドという田舎町で、姉妹都市の当別町からの紹介を頼りに厚かましくも独りで押しかけたのでした。

その時たまたま現地の人に紹介されて在留邦人のお宅を訪ねました。川上邦夫さんという研究者で、奥さん手製のカレーライスをご馳走になりながら、久々に日本語で思う存分語り合い、気持ちが通じ合えた喜びを今でも鮮明に覚えています。

それ以来親交が続き、川上さんが帰国して東京に戻ってからも時折著書を贈っていただいていたのですが、彼の著書の一つでスウェーデンの中学校の社会科教科書を丸ごと日本語訳したものの中に、まさに我が意を得たりと思える素晴らしい詩が掲載されていました。かつて皇太子殿下が絶賛されたエピソードもあるようなので、ご存じの方もおられるかもしれません。他の翻訳者による別の詩集も出ていますが、川上さんの翻訳の表現が大変素晴らしいので、ご鑑賞いただければ幸いです。

北海道家庭学校は今年も子どもとその家族の幸せのために全力で自立支援業務に取り組んでまいります。引き続き皆様のご支援とご協力をお願い申し上げます。［1月号］

子ども

ドロシー・ロー・ノルト　作／川上　邦夫　訳

批判ばかりされた子どもは
非難することをおぼえる
殴られて大きくなった子どもは
力にたよることをおぼえる
笑いものにされた子どもは
ものを言わずにいることをおぼえる
皮肉にさらされた子どもは

鈍い良心のもちぬしとなる
しかし、激励を受けた子どもは
自信をおぼえる
寛容にであった子どもは
忍耐をおぼえる
賞賛をうけた子どもは
評価することをおぼえる
フェアプレーを経験した子どもは
公正をおぼえる
友情を知る子どもは
親切をおぼえる
安心を経験した子どもは
信頼をおぼえる
可愛がられ抱きしめられた子どもは
世界中の愛情を感じとることをおぼえる

家庭学校冬本番

冬の北海道家庭学校は白銀の世界です。オホーツク海まで直線距離で二十キロほどしか離れていないためか、流氷が接岸した途端に一気に冷え込みが進んだように感じます。

年間降雪量としては日本海側の豪雪地帯ほど多くはないのですが、時折ドカ雪に見舞われます。十二月中旬の暴風雪のときには、オホーツク地域の至る所で道路の除雪が追いつかずに交通麻痺状態となりました。街から五キロほど離れた森の中にある北海道家庭学校は、二日間陸の孤島状態に陥り、分校の授業も休みになりました。

オホーツク・ブルーの晴れ間が見える日も多いのですが、断続的に細かな雪も降っており、そのまま解けずに日毎に積もってきています。各寮舎も本館も職員の住居もみな雪に覆われています。未明から職員がホイールローダーを駆動し、日中は子ども達も加わって全校で除雪作業に精を出しています。敷地内には至る所に道路が張り巡らされており、主要な生活道路だけでも総延長が二・六キロほどもあるので、冬の家庭学校は雪との戦いの日々が続きます。

そんな中で、子ども達の冬の楽しみは何といってもスキーです。北海道家庭学校には簡易リフトも備えた本格的なスキー場があります。児童福祉施設で自前のスキー場を持っているのは、お

除雪作業

そらく全国でもウチぐらいのものでしょう。

校門を入ってすぐ左手に見える神社山の頂上から、全長二百メートルほどの立派なゲレンデが作られています。その昔、職員と子ども達が木を切ったり、整地したりして造成したもののようです。簡易リフトについては、昭和五十年代に遠軽町内のスキー場からお下がりをいただいたもので、リフトを動かすエンジンを設置するために、山頂近くまで生徒たちがコンクリートをバケツリレーしたそうです。

一月十九日からは四日間の日程でスキー学習が行われ、スキー指導員の資格を持つ七名の自衛隊員さんに指導していただきました。最初の三日間は自前のスキー場でしたので、施設職員と分校教員はゲレンデの整備やリフトの操作にも奮闘しました。分校教員の中にはスキー上級者も多く、子ども達の特性に合わせて寄り添い励ます見事な授業が展開されました。

最終日は町内のロックバレースキー場で検定をしていただき、受検した児童・職員の全員が一級から四級までのバッジテスト合格という素晴らしい成果が得られ、子ども達の輝く笑顔が見られました。

自衛隊遠軽駐屯地の皆さんによるご指導は、昭和六十年から三十年も続いています。格別のご理解とご支援をいただいていることに、感謝の気持ちでいっぱいです。［2月号］

「石上館《せきじょうかん》」復活

創立百周年に当たる二〇一四年度の施設整備事業として全面改築工事を進めてきた石上館がこのほど完成しました。内部の設備等の点検や調整も一段落したことから、旧石上館の寮長・寮母と子ども達が、七カ月間仮住まいしていた柏葉寮からの引っ越し作業に邁進しています。待ちに待った石上館復活です。

新しい石上館の建物は四代目に当たります。初代の石上館は、創立当初に建てられた向陽寮、掬泉寮《きくせんりょう》などに次いで、創立四年目の一九一七年に建てられましたが、十五年後の一九三二年には焼失してしまい、その年の暮れに二代目石上館が再建されています。その二代目石上館は一九七四年の創立六十周年を機に三代目（旧石上館）に建て替えられました。六十周年から百周年の間ですから、旧石上館はちょうど四十年間稼動したことになります。

旧石上館の最初の寮長は、『もうひとつの少年期』などの著作で知られる藤田俊二先生でした。退職される一九九三年まで、二代目石上館の時代から通算して二十八年間石上館の寮長を務められ、膨大な児童記録と数々の著作を残されました。

その藤田俊二先生は昨年の七月二十九日にご逝去されましたが、時を同じくして旧石上館の解体工事が行われており、訃報に接したときには、先生の御霊《みたま》が思い出深い旧石上館と共に昇天されたのではないかとの感慨にふけりました。

初代の石上館が建てられる前年の一九一六年には初代の樹下庵《じゅかあん》が建てられています。北海道家庭学校の敷地内の多くの建物の名前は、百年の間、建て替えがあっても同じ名前が脈々と引き継がれてきています。そのほとんどの命名は創立者の留岡幸助校祖によるものと思われます。樹下庵については、かつては校長住宅とかゲストハウスとして使用されており、現在の建物は二〇一三年に研修室なども備えた形で新装成っております。

この樹下庵と石上館は、セットで命名されたものだと想像しています。禅語に出家行脚する者の境地をたとえる「樹下石上《じゅかせきじょう》」という言葉があります。この言葉は仏道を修行する者が宿とする道端の樹の下や石の上という意味で、樹の下であろうと、石の上であろうと、今居るところ、即ちどこにいても、そこが座禅道場なのだという教えを表しています。

クリスチャンであった留岡幸助ですが、非常に幅広い知識と柔軟な考え方を持っておられた方だったようです。

二月五日は校祖留岡幸助の祥月命日に当たり、幸助辞世の句を刻んだ石碑の建つ平和山山頂に全校生徒と職員が登りました。下りはスキーの滑降競技となりました。〔3月号〕

ライ麦畑の捕手

児童自立支援施設には、「子どもの指導の三本柱」として「生活指導」、「学習指導」、「作業指導」の三つがありますが、これらは有機的かつ一体的に行われなければなりません。「生教一致（生活と教育の一体化）」という大原則があるからです。そのため、物理的にも（空間的にも時間的にも）、児童の心理的にも、施設と学校の双方のスタッフが協働の形で業務を進める必要があります。

そもそも日中子ども達が起きていて指導可能な時間のうちコアの時間帯のほとんどが学校日課に当たっているわけですから、この時間帯においても「生教一致」が担保されることが肝要であり、そのためにも施設と学校の緊密な連携と協働が不可欠です。

六年前から正規の学校教育が導入され、「学習指導」の面で格段に強化された今もなお、北海道家庭学校では「作業指導」に重きを置いた支援活動が続けられています。子ども達と家庭学校職員と望の岡分校教員が三位一体の形で「作業班学習」に取り組んでおり、各人が「蔬菜班」、「園芸班」、「山林班」、「校内管理班」、「酪農班」の五班に分かれて、毎週月曜・火曜・木曜の午後の学校日課の中で共に汗を流し、大きな成果を上げています。児童福祉と学校教育の連携によるめざましい相乗効果が現れているのです。　この「作業班学習」は、「流汗悟道」と「with の精神」を基本とする「生教一致」を将に体現するものであり、児童自立支援の一つの典型がここにあると、私は考えています。さらには全人教育としての学校教育が力強く展開されているとも思っています。

J・D・サリンジャーの『キャッチャー・イン・ザ・ライ』（村上春樹訳）という小説があります。年配の方なら、五十年ほど前に翻訳された『ライ麦畑でつかまえて』（野崎孝訳）の方が馴染みがあるかもしれません。私も学生時代にまずこちらを読みました。

この小説の中で、学校や社会からドロップアウトして将来の目的を見出せずに苦悩している主人公の少年が、しっかり者の妹から詰問されて、「ライ麦畑の中で遊ぶ子供たちを、崖に落ちる危機から救うキャッチャー（野球の捕手と同じ単語です）になりたい」という意味不明な夢想を話すくだりがあり、それがタイトルにもなっています。「全ての子供たちが途方もない深みに落ちてしまわないように、崖っぷちに立って誰か崖から落ちそうになる子どもがいると、片っ端から捕まえるのを朝から晩までずっとやっている『ライ麦畑の捕手』になりたいんだ」と主人公の少年は思わず口走り、心の奥底に潜んでいた真情を発露させるのです。

私にはこの『ライ麦畑の捕手』という言葉のイメージが、家庭学校職員と望の岡分校教員に重なります。両者が混ざり合い、みんなで手をつないで大きな輪をつくって、子ども達が途方もない深みに転げ落ちないように守っている、時折そんな情景を夢想しています。双方のスタッフの間の連携を緊密にして、つないだ手が一瞬たりとも離れないような、そういう『ライ麦畑』を、遠軽町留岡の森の中で繰り広げていきたいと、心に期しています。［収穫感謝特集号］

北海道家庭学校百年目の現況

創立百周年の大きな節目の年に、新たに北海道家庭学校の校長の責を負う者として、年度当初の四月一日に着任しました。これまで道の児童相談所長として社会的養護が必要な多くの児童を全道の児童養護施設や里親、そして児童自立支援施設、情緒障害児短期治療施設などに措置してきました。中でもとりわけ対応の難しい男子児童をお願いする最後の切り札的存在が北海道家庭学校でありました。今度は道内の九つの児童相談所から、保護者や市町村、学校、警察、家庭裁判所などの熱い期待のもとに多くの子ども達をお預かりする立場となり、身の引き締まる思いでおります。

生後間もない乳飲み子同然の駆け出し校長が満百歳の大長老となった北海道家庭学校について語るべき何ものもないことは言うまでもありません。本校の歴史や偉功などについては、数多おられる先達、支援者、関係者等の方々が既にたくさんお書きになっておられ、また、本号『創立百周年記念誌』にも多くの皆さんに寄稿していただいています。原稿に目を通させていただきながら、我が国の感化院、教護院等のフロントランナーとして百十余年の輝かしい歴史と伝統を持つ「家庭学校」には、各人各様の熱い思いがおありになるということを改めて深く感じ入っているところです。

新米校長の私としては、永年にわたり北海道家庭学校を温かく見守り続けてくださっている多くの皆さんに本校の現況を改めてご紹介しながら、これらの状況を踏まえてのこれからの百年に向けた取り組みなどについて、大仰にいえば家庭学校が家庭学校として輝き続けるためにはどうあるべきかについて考える際の縁《よすが》となればとの思いで、この文章を書き進めさせていただくことにしました。

北海道家庭学校には、八月一日現在夫婦小舎制の四つの寮に総勢二十五名の児童が暮らしています。その内の一つの寮は高校生専用の寮で、定時制高校と高等養護学校に通う児童が五名在籍しています。他の三つの寮には、中学卒業生六名、中学生十三名、小学生一名が在籍しています。近年は総じて年長児童が多いというのが本校の特徴であり、義務教育終了後の児童数が四割を超える北海道家庭学校の状況は、全国五十八の児童自立支援施設の中でも異彩を放っています。

児童自立支援施設の子どもが高校に進学する際には、退所して親元に帰るか児童養護施設に措置換えとなるかが一般的なのですが、どちらの場合もなかなか長続きせず、残念ながらほとんどのケースが高校中退を余儀なくされています。北海道家庭学校では全国でも珍しい独立した高校生専用寮を有しており、職員は毎日の実習先や高校への送迎なども含め、それぞれの児童の特性に応じたきめ細かな個別的対応に努めています。遠軽高校、紋別高等養護学校、そして実習先の事業主の皆さんの格別のご理解とご協力の元に、ほとんどの児童が三~四年の課程を無事修了し、卒業・就職自立に至っています。

年間を通して多くの児童が不定期に入退所していますので、児童数は常に流動的で、年度の後半に向かって少しずつ増えていく傾向にあるのですが、それにしても二十五名という入所児童数は非常に少ないという印象を持たれることと思います。八十五の児童定数が常に満床だった昭和の時代などを想うと隔世の感があります。ただし、この現象は本校だけに限られたことではなく、

給食棟へ移動する子ども達

道内の他の児童自立支援施設の入所児童数も同様に減少してきており、道立向陽学院、道立大沼学園ともに現時点では二十五名前後の入所状況となっています。各年度の後半の入所児童数がピークに達した時点でも各施設三十名前後、三施設全体で九十〜百名程度といったところが近年の入所状況であり、この傾向が今後もしばらくは続くのではないかと予想しています。

少子化が進み児童数総体が縮小していることも要因として当然考えられますが、それと同時にいわゆる「非行少年」の減少も顕著なものとなっており、近接領域である少年司法の分野では少年院や少年鑑別所の入所者数はもっと少ない状況となっており、現員数が定員数の一割にも満たないところもあるようです。

「児童自立支援施設」という呼称は、児童福祉法の改正により平成十年度から使われるようになりましたが、それに併せて「教護院」時代には「不良行為をなし、又はなすおそれのある児童」のみが対象だったものが、「家庭環境その他環境上の理由により生活指導等を要する児童」という項目が加わり、対象児童の範囲が広がっています。

この法改正の影響もあって、入所児童の中には被虐待経験や発達障害による問題点を有する児童が大変多く含まれるようになってきており、ともに全体の七割以上を占めているというのが北海道家庭学校の現状です。そのため従来からの集団的な指導に加えて、各児童ごとの詳細な指導指針に基づく個別の対応が必須となっています。現在は半数以上の児童が遠軽町内や遠く旭川の精神科や心療内科に定期通院し、安定剤などを処方されています。

十年前の九十周年の時と大きく変わったことといえば、公教育の導入があります。北海道家庭学校でも長らく「学校教育に準ずる教育」として施設職員による「学習指導」が行われてきましたが、五年前から正規の学校教育が導入されており、遠軽中学校と東小学校の「望の岡分校」が本館内に開設され、今春六年目を迎えたところです。

この公教育導入も、平成十年の児童福祉法改正に端を発するものであり、「教護院」から「児童自立支援施設」への呼称変更に併せて、施設長に対して入所児童の就学義務が課せられたことが契機となっています。しかしながら、「教護院」には「子どもの指導の三本柱」としての「生活指導」、「学習指導」、「作業指導」が有機的、一体的に行われなければならないという「生活と教育の一体化（生教一致）」の大原則があったので、「学習指導」だけを切り離して他機関に委ねることへの懸念や対応策の難しさなどから、全国的にも調整や準備に多くの時間を要してきた経過があります。他県の児童自立支援施設の中には未だに検討中のところもあり、また、導入はされたものの、教育と福祉の文化の違いなどから、なかなか共同歩調がとれずに苦悩しているところもあるようです。

ところが、着任してから四カ月余り、家庭学校と望の岡分校の連携の緊密さは目を見張るものがあり、私としては安堵するとともに大変有り難く思っています。毎朝の教職員全員での入念な打合せに始まり、日中も不断に情報交換が行われています。毎日の昼食会はもとより毎月の誕生会の夕食会にまで教員の皆さんが参加され、給食棟で子ども達に「with の精神」で寄り添っていただいています。各種行事の共催はもちろんですが、週三回の作業班学習においても教員の皆さんと施設職員とが力を合わせて児童の指導に当たっており、将に「流汗悟道」の精神を体現した「生教一致」の取り組みが、ここ「森の学校」で展開されています。

北海道家庭学校は民間の施設ということもあって、地元遠軽町の人々を初め多くの皆さんから大変大きなご支援をいただいています。校祖留岡幸助の時代から百年続いた地域との熱い連携が実を結んでいるものと、大変有り難く思っています。

児童自立支援施設は、家庭にも学校にも地域にも居場所のない子ども達にとっての最後の拠り所です。北海道家庭学校には百年間に全道各地から二千五百人もの要保護児童が入所してきています。子ども達は本校での安定した生活の中で大きく成長し、変貌していきます。自然豊で人情味あふれる遠軽の地で、多くの子ども達がしばしの間疲れた羽を休め、力を蓄え、自己を変革し、そして全道各地に元気に巣立っていっています。［創立百周年記念号］

2

平成 27 年度
(2015 年度)

平和山登山口（グランド横）

多くの子どもが巣立っていきました

北海道家庭学校は児童自立支援施設なので、子ども達が年間を通して不定期に入退所しています。児童養護施設などと比べると概して入所期間が短く、寮や分校のクラスでは出会いと別れの繰り返しです。

それでもやはり「春は別れの季節」です。この時期は中学卒業、高校入学、高校卒業等の人生の大きな節目と重なるので、そのタイミングに合わせて毎年まとまった数の児童が退所していきます。今年も多くの子どもが家庭学校を巣立っていきました。

まずは高校進学組です。受験した十四人全員が第一志望の学校に合格でき、皆で安堵し、喜び合いました。そのうち十一人が故郷の高校などに進学するために退所しました。残りの三人は高校生寮（向陽寮）に転寮して遠軽高校の定時制課程に進みます。日中の職場実習と夜の授業の両立は相当ハードルが高いと思われますが、三人の三年間の頑張りに期待しています。

次に高校卒業組です。紋別高等養護学校の卒業式で答辞を読んだ生徒がいます。凛々しく堂々とした立派な答辞でした。学業成績が優秀だった上に家庭学校で鍛えられた作業能力もベースにあったのでしょう。実習先の大型スーパーでの評価も高く、そこに一般就労の形で採用され、卒業式の日に元気に巣立っていきました。

遠軽高校定時制にも卒業生が二人いました。高校の先生や実習先の方々など多くの皆さんのお力添えをいただいて、もちろん本人達の努力もあって、何とか卒業まで漕ぎ着けることができました。年度中にそれぞれ十九歳、二十歳を迎えていたこともあり、数ヵ月前に退所して遠軽町内で一人暮らしを体験していました。卒業式の中で、お世話になった方々への感謝の気持ちを表す立派なスピーチをしてくれ、多くの参列者の感動を呼びました。私も胸が熱くなるとともに、誇らしく思いました。

その他の児童も含め、三月中に十五名の児童が退所していったので、一気に寂しくなりました。北海道家庭学校は全国的にも稀な年長児童の多い児童自立支援施設で、そのために三月ショックが強く表れます。教育サイドのルールでは、四月一日の児童数が分校の教職員配置の基準になっています。義務教育年齢の子どもの数が一気に減少して底を打つ四月一日の児童数で決められてしまうのです。児童自立支援施設内の分校については、三月一日の児童数を基準にしてほしいと、強く思っています。

さて、「春は出会いの季節」でもあります。新年度早々から新入生が次々とやって来るはずです。残った子ども達と施設職員、分校教員が新入生を囲んで、みんなで力を合わせて百年の佳き伝統を守っていこうと決意を新たにしています。［4月号］

ふるさとの山

四月十六日・十七日の両日、東北・北海道地区の児童自立支援施設長会議があり、盛岡に旅してきました。年に一度、東北・北海道の九人の施設長が一堂に会して情報交換や検討・協議を行っており、今回も大変有意義な会議となりました。岩手県立杜陵学園の皆さんには、施設見学も含め二日間大変お世話になりました。

幸運なことに、盛岡には平年よりも八日も早く桜前線が到来したとのことで、十七日には市内の桜がほぼ満開の状況になっていました。雪を頂いた岩手山とのコントラストが素晴らしく、大勢の花見客の目を楽しませていました。裁判所の前庭に立つ石割り桜も見事な咲き振りで、初めて見る力強い雄姿に圧倒されました。

子ども達へのお土産に南部せんべいを求めようと、ショッピングモールを見て歩いているときに、ふと目に留まったものがありました。『啄木の詩クリアファイル』という商品で、石川啄木の短歌が岩手山の写真を背景にプリントされていました。

ふるさとの山に向ひて
言ふことなし
ふるさとの山はありがたきかな

この歌は誰もが口ずさむほどポピュラーなもので、私も少年時代から馴染んでいました。富良野市山部で育った私にとって、この歌からイメージするふるさとの山は、北の秀峰・芦別岳ということになります。山登りの楽しみを覚えた山でもあり、朝な夕なに仰ぎ見る芦別岳に思春期のいろいろな思いを重ねておりました。

盛岡出身の石川啄木にとってのふるさとの山は岩手山で、この歌は岩手山をモチーフにして詠んだ歌だったのだと、今さらながら思い至りました。

昨年、夏休みの残留行事で子ども達を地元の平山《ひらやま》という山に連れて行くことを思い立ちました。北海道百名山にも入っている北大雪の雄峰です。音楽室で事前のレクチャーをしているときに、念のために子ども達に登山の経験を聞いてみました。そのとき、一人の小学生が手を挙げて、平和山の名前を口にしました。

平和山は北海道家庭学校の敷地のほぼ中央に聳える山で、校祖留岡幸助の月命日に登っている山なので、生徒たちにとっては最も馴染みの深い山なのかもしれません。林道を二十五分ほど歩

平和山と五日山

けば登頂できる里山で、本格的な登山にはほど遠いのですが、家庭学校の生徒にとってはかけがえのないふるさとの山になっているのかなと思いました。

ふるさとの山はいくつになっても有り難いものです。大人になった彼等が、社会の荒波に揉まれて挫けそうになったときに、平和山を思い浮かべて元気を取り戻してくれたらいいなと、思っています。［5月号］

伝統の継承と変革（一）

百年の歴史を持つ北海道家庭学校ですが、豊かで厳しい自然環境の下で子どもと大人が苦楽を共にする生活とその精神は、ほとんど変わっていないと思います。

六年前から正規の学校教育が導入され、学習指導の面で格段に強化された今もなお、家庭学校では作業指導に重きを置いた支援活動が続けられています。子ども達と施設職員と分校教員が、それぞれ「蔬菜班」、「園芸班」、「山林班」、「校内管理班」、「酪農班」の五つの班に所属しながら、三位一体の形で作業班学習を展開しており、大きな成果を上げています。このことは「流汗悟道」と「with の精神」を基本とする「生教一致（生活と教育の一体化）」の体現であり、児童自立支援の一つの典型がここにあると、私は考えています。

各種行事や寮での朝夕の作業なども長年の歴史と伝統の下に脈々と受け継がれてきています。新装成った寮でもお風呂は薪で沸かしていますので、子ども達が毎日薪割りや風呂焚きをしますが、そんなことを覚えても今の世の中であまり役に立つとも思えません。また、伝統の行事もたくさんありますが、例えば相撲大会などは今の時代の子ども達に合うのだろうかとの疑念を抱くこともありました。

薪割りはマサカリやナタを使いますし、風呂焚きは当然火も扱います。相撲も一つ間違えれば反則技で相手に大怪我をさせるかもしれません。どちらも相当な危険性を孕んでいます。ところが、子ども達は薪割りや風呂焚きを結構楽しんでいます。経験を積むとともに上手に集中してやれるようになり、大きな怪我もありません。他の人の役に立っていることで達成感も感じているようです。

二年ぶりに実施した相撲大会も、最初のうちは気が乗らない様子の子どもが多かったのですが、番を重ねるうちに徐々に盛り上がっていき、心配していた反則行為も出ず、とても清々しい大会になりました。普段気づかなかった様子も垣間見ることができ、有意義な行事だと実感しました。

毎月行われる行事としては、誕生会や朗読会、校祖の月命日の平和山登山がありますし、季節ごとに行われる行事としては、春の花見の会や秋の園遊会、冬のクリスマス晩餐会などもあります。他にも運動会、マラソン大会、研修旅行、作業班学習発表会など年がら年中行事がありますが、子ども達はそれらの行事を一つ一つ経験しながら着実に成長していきます。

相撲大会

マラソン大会

研修旅行（十勝川下り）

やはり長年続いてきた行事や作業や慣習にはそれなりの意味があるのだと、家庭学校での一年のサイクルを経験して、歴史と伝統の重みを再認識しているところです。変革については次号に記します。［6月号］

伝統の継承と変革（二）

前号で伝統の継承について書きましたので、今号では変革についても若干記載したいと思います。北海道家庭学校の新世紀がスタートした今年度から、長い間慣れ親しんできたいくつかの呼称について、一部変更することにしました。

一点目は職種の通称です。児童への直接処遇を行う自立支援部の職員の中で、寮長・寮母などのいわゆる「寮職員」に対して、寮を担当しない職員については、これまで「フリー職員」と呼ぶ習わしがあったようですが、これを「本館職員」と呼ぶことにしました。「フリー職員」という言葉の響きが、寮長・寮母見習い期間中の印象や、「寮職員」よりも責任が軽いような印象を自他共に与える懸念があったので、主たる活動場所としての「寮」に対して「本館」という言葉を用いて二つの職種の区別を図ることにしました。また、この呼称変更に合わせて、各作業班の班長には「本館職員」を当てるなど、「本館職員」が作業や各種行事について名実ともに重い責任を担うように業務分掌も見直しました。そのことにより「寮職員」が寮の運営に可能な限り集中できることもねらいとしています。

二点目は児童の役割に関する呼称です。これまで『朗読会』誌の作文の中で、時折「親」という表現が出てきたので馴染みの方もおられると思いますが、家庭学校では新入生の世話をする児童のことを「親」、新入生を「子」と呼ぶ風習がありました。小舎夫婦制の寮の中で、本来「親」の位置付けは寮長・寮母であるべきとの思いもあって、私は少なからず違和感を感じておりました。また、「親」と「子」の呼称が、江戸時代から近代まで続いた鉱山労働者（抗夫）の組合制度による一種の身分制度である「友子制度」（親分子分の関係を持つ）の名残と推測され、現代のしかも児童福祉の枠組みには合わなくなってきているのではないかと考えたことから、「親」を廃して「世話係」と呼ぶことにしました。

三点目は、児童から職員への呼称に関するものです。家庭学校では寮母など夫婦職員の妻の方について、子どもから「奥さん」と呼ばせていましたが、疑似家庭の母親役である寮母に対して、「お母さん」でなく「奥さん」と呼ぶのは妙によそよそしく古風な感じがすること、また、「奥さん」の言葉の響きが単なる寮長夫人であって正規の職員ではないような印象を自他共に与えるおそれがあると考えたことから、他の職種の職員と対等な正規の職員として、児童から「△△先生」と下の名前で呼ばせることにしました。他の職員は従来どおり「○○先生」と上の名前で呼ぶことに変わりありません。［7月号］

伝統の継承と変革（三）

変革の四点目としては、「反省日課」を「特別日課」に変えたことがあります。呼称変更に併せて内容や実施方法も見直しました。

前年度までの『朗読会』誌の作文の中に「○○をして反省（日課）になってしまいました」というフレーズがよく登場していたので、「反省日課」という言葉をご存じの方もおられると思います。○○の部分には、無断外出や暴力行為などの問題行動が入ります。例えば無断外出をした場合、担当寮長から最長七日間の「反省日課」が課されます。この間は個室で独り静かに過ごし、反省文を書いたりしながら自らを深く省みることになります。他の子ども達との交流は禁じられ、分校の授業にも出してもらえず、楽しい行事やレクレーションからも外され、孤独な辛い時間が続きます。担当寮長と二人きりで話をしたり、作業をするなど、濃密な個別指導が展開されます。

子ども達の中では、この「反省日課」を自分が犯した過ちに対するペナルティーととらえる傾向が強く、また、自分に向き合う辛く苦しい時間なので、「反省日課」は最も嫌われています。指導を深める絶好のチャンスとなるわけですが、する方にもされる方にも相当の負担となる割には、なかなか実効が上がらないケースもありました。

そこで今年度からは、ペナルティーとして「反省」を押しつけるのではなく、担当寮長を初めとする関係職員から「特別（に）」濃密で丁寧な指導・支援が行われる日課という意味で「特別日課」と呼称を変えることにしました。

また、懲戒権の濫用とならないよう、必ず会議にかけて家庭学校として機関決定することとし、日課を開始するときと終了するときには、対象児童を校長室に呼んで、自立支援部長、担当寮長等の参加の下に話し合いを持ち、校長から申し渡しをすることにしました。

さらには、学習権の保障という教育的な観点から、分校の授業は極力休ませないことにしました。家出から戻った子どもに対して、反省を促すために学校を休ませる親はいないはずです。もちろん学校日課の中でも、休み時間や放課後などは他の子どもとの交流は制限されます。

巻頭言の末尾で恐縮ですが、六月末の大平まゆみさんのヴァイオリン演奏会のことに若干触れさせていただきます。「人生をかけて家庭学校に来ました」と子ども達に語りかけながらの演奏には圧倒されました。礼拝堂で子ども達と並んでチゴイネルワイゼンを拝聴したとき、感動で胸が熱くなり、私が今ここに居る理由が、何故かわかったような気がしました。［8月号］

伝統の継承と変革（四）

前二号で変革の事例を四点ほど具体的にご紹介しました。実はそれらのことにも付随・関連しているのですが、男性職員・女性職員間の格差解消なども含め、職務上の立場や責任、あるいは就労条件等についての見直しを行い、組織・機構全体の再構築を図っています。北海道家庭学校新世紀における児童自立支援業務が一層組織的に、機能的に進められるような仕組みになったと思います。

本館の中に教務室という大きな部屋があります。正規の学校教育が導入された六年五カ月前から、望の岡分校の教職員と家庭学校の直接処遇職員が同じ部屋で机を並べて仕事をしてきました。二つの組織の緊密な連携を図るためにはこの環境が欠かせません。ところが人数の割に狭小なことが難点で、教員・職員の皆さんにはこれまで大変窮屈な思いをさせてきました。また、家庭学校職員の中にこの教務室に居場所がない人がいました。スペースの関係で寮母や職業指導員、心理士等の机を置くことができず、毎朝の打合せや日常的な情報交換にも支障を来していました。

前々号で寮母の呼称を「奥さん」から「〇〇先生」に改めたことをご紹介しましたが、家庭学校の正規職員としての立場を自他共にしっかりと認識した上で、さらに活躍の場を広げてもらうために、寮母も含めた直接処遇職員全員が机を並べられるように、春休みの間に教務室の拡張工事を行いました。隣の中一教室との間の壁をぶち抜いたのです。

さて、教室を一つ潰してしまったので、分校の授業に支障を来し、ご迷惑をおかけすることになりました。年度初めに一気に人数が減少した小・中学生ですが、それでも教室が不足しては子ども達に影響します。望の岡分校では特別支援教育も行われており、また、学年別と並行して教科によっては習熟度別のクラス編成も行いながら細やかな学習指導が行われているので、一つ一つのクラスの人数は少なくても教室の数は多ければ多いほどよいのです。そこで、夏休みの間に本館裏の土手を削って小さめの教室を二室増築しました。二学期からはより快適な環境で集中力を切らさずに勉強に取り組むことができ、遅れを取り戻しやすくなると、校長としては大いに期待しています。

「伝統の継承と変革」というテーマで四回にわたり書いてきましたが、変革の事例については小さなことに過ぎません。連載の一回目にも記したとおり、北海道家庭学校には百年間脈々と受け継がれてきた確かな伝統があります。大事な伝統を護り続けていくことについては微動だにしない覚悟を持っています。［9月号］

前途有為の青壮年を求めます

止むに止まれぬ思いから、巻頭言の次のページにまで浸食して、職員募集の急告をさせていただくことにしました。

北海道家庭学校の確たる伝統としては、何しろ百年の間に醸成されてきたものですから、一言では言い表せないようなたくさんのものがあり、素晴らしい遺産として引き継がれてきています。この春、築九十六年の礼拝堂が北海道の有形文化財に指定されましたが、それに対して無形文化財とも呼べるような数多の叡智が継承されてきています。

その中で、特に私が大事に思っているものとして、①小舎夫婦制の寮運営、②作業指導に重きを置いた支援方策、③子どもの人権擁護の徹底の三つがあります。②と③については、追々巻頭言の中で触れさせていただくつもりですが、今号ではとにかく時間的な余裕もないことなので、取り急ぎ①の小舎夫婦制に関わること、職員募集について書かせていただくことにしました。

小舎夫婦制につきましては、創立当初から家庭であり学校であることを目指した北海道家庭学校が嚆矢のようなシステムで、かつては全国の教護院の主流でありました。ところが、おそらく適時に適材が得られないからでしょう。時代の変遷とともに交替制への転換が進み、小舎夫婦制を維持している児童自立支援施設は全国的には三割程になっています。

児童自立支援施設にやって来る子ども達の中には、家庭環境に恵まれず、特定の大人（一般的には両親）との間で愛着関係が十分に形成されなされなかった子どもが多く含まれています。幼少期の愛着形成不全がその後のいろいろな問題行動につながっているケースが非常に多いように思うのですが、そういった子どもにとっては、疑似家庭のような小舎夫婦制の寮の中で、特定の大人（寮長・寮母）との間で愛着関係が形成され、育ち直りをすることが、その後の成長に大変有益であり、小舎夫婦制は何ものにも代えがたいシステムだと考えています。

その小舎夫婦制の寮ですが、北海道家庭学校では現在稼働中の四寮のうちの一寮が、この春からやむを得ず夫婦制を中断して交代制で凌いでいます。

当校のウェブサイトでも募集していますし、この苦境を心配された北海道新聞遠軽支局の佐藤圭史記者によって地元オホーツク版に大きく取り上げていただきましたが、今のところ応募も少なく、適材が見つかりません。児童福祉に係る資格要件や経験もあった方が良いのですが、そのことよりもむしろ子ども達への熱い思いや意欲の方が重要だと、私たち北海道家庭学校は考えています。直ぐには夫婦制の寮舎を担当できない独身の方でもご照会ください。年齢、性別も問いません。前途有為な青壮年を求めます。［9月号付録］

百一年目の創立記念日

九月二十四日は百一年目の創立記念日ということで、去年の百周年記念の盛大な式典・礼拝とは趣を異にした内輪だけの創立記念式を礼拝堂で執り行いました。望の岡に聳え立つ築九十六年の礼拝堂は北海道家庭学校のシンボルであり、この春北海道の有形文化財に指定されたことは既にご紹介したとおりです。

礼拝堂にはその十日前の十四日にグランドピアノが搬入されたばかりで、今回の創立記念式はそのお披露目も兼ねて行うことになりました。このピアノは札幌在住の高野倫行さんという方から寄贈していただいたもので、札幌から遙々遠軽の家庭学校の礼拝堂まで運んでくださいました。遠軽町内の丸瀬布には、国産ピアノの響板（共鳴板）、鍵盤板の三分の二を製造している木製部材メーカーである北見木材の工場があり、特産のアカエゾマツを加工してピアノの重要部位を製造し、それをピアノのメーカーに提供しているようですが、今回いただいたこのグランドピアノも、生まれ故郷に帰ってきたのかもしれないと想像しています。

元々礼拝堂には、家庭学校の卒業生の方から贈られたロジャースオルガンという荘厳な音色を奏でる大がかりな楽器装置もあり、記念式ではこのロジャースオルガンとグランドピアノの両方を、かつて本校で音楽講師をされていた荒木美香さんに演奏と伴奏をしていただきました。お陰様で大変感動的で素晴らしい記念式となりました。

礼拝堂にはその他にも歴史を感じさせるオルガン二台とアップライトピアノ一台が据え置かれていましたが、今回のグランドピアノ搬入に合わせて、この三台を昨年リニューアルしたばかりの博物館に配置換えしました。歴史的な価値をより多くの皆さんに実感していただくためです。実際に音を奏でることも可能です。

因みにこのアップライトピアノのほうは、ステッセルのピアノと呼ばれる逸品で、日露戦争の戦利品としてのエピソードも伝わる歴史的に大変貴重なものです。かつて作家の五木寛之さんが全国に四台現存するというステッセルのピアノを探し求めて北海道家庭学校にも取材に来られ、その成果が『ステッセルのピアノ』という作品として結実しています。

さて、創立記念式でも子ども達に話したことですが、百一年の間にいったい何人の生徒が在籍したのかということです。実は生徒には最初の一人から順番に通し番号が付いています。一番新しい生徒は九月十日に入所した小学三年生で、番号は二四八九番です。あと十一人で二千五百人に達します。今年度中に二千五百番の生徒が誕生するかもしれません。［10月号］

秋晴れの園遊会

十月十九日には子ども達が楽しみにしていた園遊会が開催されました。園遊会は毎年秋に催される北海道家庭学校の伝統的な行事です。今年も全部で十一の模擬店が出店され、工夫を凝らした美味しい食べ物を堪能しながらの楽しい昼食懇談会が、秋の風情漂う本館の前庭で繰り広げられました。

模擬店のラインナップをご紹介しますと、石上館はピザ、掬泉寮はフライドポテトと山葡萄ジュース、楽山寮は焼き鳥、向陽寮はたこ焼きでした。各寮の子ども達と職員が何日も前から準備して、互いに協力し合いながらの出店でした。

毎年恒例のボランティアの皆さんですが、今年も三団体にご協力をいただきました。散髪奉仕の理髪店グループ・月曜会さんはお汁粉、青年会議所さんはフランクフルトソーセージ、連合さんはポップコーンとジュースという定番メニューで園遊会を守り立ててくださいました。

それに加えて、望の岡分校教員グループの焼きそば、家庭学校職員有志の水餃子とカクテキ（中国・韓国の本場の味です）、酪農班の特製ソフトクリームもありました。もちろん家庭学校給食棟伝統の五目おこわも存在感を示しました。

日頃から家庭学校を支援していただき、子ども達に励ましの言葉をかけていただだいている皆様にも、今回も大勢参加していただきました。お陰様で子どもが二十六名、大人が九十五名の、総勢百二十一名にのぼる大園遊会となりました。

ここ数年、春の観桜会も秋の園遊会も天候に関係なく安直に体育館の中で行う習慣になっていたようですが、今年は春も秋も本来の趣旨に沿った形で屋外で実施することに拘りました。子ども達の情操を養うためにも、そして何といっても大人も子どもも参加者全員が家庭学校の豊かな自然を楽しみ、季節の移ろいを感じながら、想い出に残る芳醇な時間を過ごしていただきたいと思ったからです。

主催者としては空模様がかなり気になりましたが、気温が低めで若干肌寒さを感じたものの、風もなく穏やかな日和となり、皆で喜び合いました。大勢の皆さんの温かな心に触れ、秋の陽射しをいっぱいに浴びた家庭学校の園遊会は、子ども達の一生の想い出になると思います。

さて、北国では早くも冬の足音が聞こえてきました。私は峠越えの折の降雪に備えて、十月十日の連休には札幌に戻って冬タイヤに履き替えてきています。

子ども達の屋外での作業班学習も一年の総まとめの時期を迎え、十一月十九日と二十日に開催される「作業班学習発表会」に向けての準備が始まりました。彼等の成長振りを是非見に来てください。［11月号］

作業班学習発表会

勤労感謝の日を前にして、北海道家庭学校伝統の「作業班学習発表会」が十一月十九日・二十日の両日にわたって開催されました。会場となった音楽室には高校生を除く児童と家庭学校職員と望の岡分校教員の全員が集結しました。入所したばかりの二人を除く二十二人の児童と、採れたての野菜や牛乳を巧みに献立に取り入れている伊東睦子栄養士の、総勢二十三人の発表がありました。

そこに聴衆として児童相談所や原籍校など関係の皆さんにも大勢参加していただき、音楽室は二日間超満員、熱気を帯びた状況となり、北海道家庭学校を代表するシーンが展開されました。

この「作業班学習発表会」の詳細については、『ひとむれ・収穫感謝特集号』を印刷・製本して皆様にお届けする予定なので、今号では概要や感想をお伝えするのみに留めたいと思います。

今年も子ども達一人一人の発表が確かな実践に裏付けられた大変内容のあるものだったことをひとまずご報告します。二十二日の収穫感謝礼拝の折にも各人への講評を述べ、校長として誇りに思う旨伝えました。

さて、望の岡分校の「学年便り」・「学級通信」の中にも、将に我が意を得たりと思う見事な記述を見つけたので、それを引用させていただくことにします。

まず、中学三年生担当の山田道哉先生の記述です。

「作業班学習発表会が終わりました。（中略）発表の中身を考え始めてから約二週間。調べてまとめて、ポスターを作り、言葉を選んでの原稿作り、大勢の人前で脇汗をかきながらの発表。大変だったと思います。でも、必要な情報を集める力や、自分の考えを相手にわかるように伝える力はこれから社会で生きてゆく上で大事な力です。（中略）お疲れ様でした。」

次に、中学二年生担当の小椋直樹先生の記述です。

「毎年思いますがホントに内容の濃い発表です。（中略）なにより、皆さんは他の学校の小中学生では絶対に体験できないような本物の体験をしているから、サラッと話しているることが、実はすごいことを発表しているのです。他の学校ではせいぜい『一日農業体験』です。でも皆さんのは『毎日実践』です。お手伝いじゃなくて実際に作って実際に皆で食べているのです。草刈りのお手伝いではなく、自分たちが草刈りをしているのです。もし、全国中学生草刈り大会があったら。多分家庭学校の生徒はぶっちぎりで優勝だと思います。そういう本物の体験を発表しているので、ただ喋っているだけで実に内容の濃い話になっているのです。」

『収穫感謝特集号』をご期待願います。［12月号］

暗渠の精神

新年おめでとうございます。北海道家庭学校は創立百二年目を迎えました。

創立百周年記念事業の一環として、一昨年から『北海道家庭学校百年史』の編集作業が進められています。多くの研究者や先達の皆さんの力もお借りしながら、本校百年の歴史・記録をまとめあげようと奮闘しているところです。

編集委員の家村昭矩理事（名寄市立大学特任教授）は、現在取材のために精力的に旧職員を訪問されています。十一月十日に清里町在住の川口正夫先生（昭和三十一年～五十八年在勤、平和寮寮長、酪農担当）を訪ねられた際には、私も同行させていただきました。川口先生は九十三歳のご高齢

落葉松林と四町畑

ながら実に矍鑠とされており、確かな記憶力には感服しました。
川口先生のお話の中で最も感銘を受けたことに、家庭学校の敷地を覆う重粘土質の土壌の改良工事のことがあります。掬泉寮の奥に広がる四町畑という牧草地の暗渠排水工事のことで、重機もない時代だったので、来る日も来る日も平和寮の子ども達と固い地盤をスコップやツルハシで掘り起こしたそうです。一日に数メートル進むのにも苦労されたそうで、子ども達の励みにするために進捗状況をグラフにして競わせたとのことでした。
第四代校長の留岡清男先生が創立満五十周年を機会に『教育農場五十年』という歴史的名著を著しておられますが、その中に「暗渠精神」という、家庭学校の精神的支柱について書かれている項があり、川口先生等先達の実践がこの項に結実していることを実感しました。

以下、『教育農場五十年』の一部を引用の形でご紹介させていただきます。［1月号］

「一面にひろがってみえる畑の底に、土管が四方八方に埋められている、（中略）。暗渠は、地の底にかくれて埋められています。表面から、眼でみることはできません。しかし、地の底にかくれている暗渠があるために、地上に播かれた種子が、腐ることなく、芽を吹き出し、花を咲かせ、実をみのらせることができるのです。人の眼には、新芽の青さが見えます。花の美しさが見えます。豊かな実りが見えます。しかし、そういったものは、みんな、地の底に埋もれている暗渠のお陰だということを、見抜く人は極めて稀であります。私たちは、新芽も、花も、実も、惜しみなく人さまに差上げたらいいと思います。所詮、私たちは、静かに、黙々として、地の底にかくれて、新芽を吹き出させ、花を咲かせ、実をみのらせることができさえすればよろしいのであって、それが暗渠というものの効用であり、誇りだと思うのであります。」

（留岡清男著『教育農場五十年』から引用）

「冬の嵐」と「北の里山」

近年ではオホーツク地方の冬の風物詩となってしまった感がありますが、今シーズンもまた猛烈な「冬の嵐」に見舞われました。空路はすっかり閉ざされ、道路も鉄路も寸断され、暴風雪は旅行客の足を奪ったばかりでなく、この地域に住む人々の暮らしにも重大な影響を与えました。管内の全ての小・中・高校が二日から三日の間、臨時休校になったようです。

子ども達全員が敷地内に居住していて通学の心配のない望の岡分校といえども例外ではありません。何しろ教員の先生方が家庭学校まで辿り着けないのですから同じことです。遠軽町の市街地から五キロほど離れた里山の森の中に位置する北海道家庭学校は、今年もまた丸二日間陸の孤島状態に陥ってしまいました。街に住む一部の職員も通勤して来られず、来客は誰一人ありません。新聞も郵便も宅配便も一切届きません。

そんな中で総延長が二・六キロほどある敷地内の生活道路を開けるために、本館職員はホイールローダーやブルドーザーなどの重機を駆使して除雪作業に明け暮れました。寮長と子ども達もスコップやスノーダンプなどを手にしての人海戦術で寮や本館、給食棟、住宅等の周りの除雪に精を出しました。終日寮日課となったので寮母はいつもの朝食・夕食に加えて昼食も調理しました。氷雪に覆われ外界と遮断された丸二日間でしたが、再生の森・北海道家庭学校の住人達は大人も子どもも皆で協力し合って暖かく濃密な時間を過ごしました。

今年の場合、冬の嵐の到来が一月十八日からのスキー学習週間を直撃したので被害は甚大でした。当初の計画では自衛隊遠軽駐屯地の七名のスキー指導員さんに五日間連続してご指導いただくはずでした。初日こそマイナス二十度の晴天下での幕開けとなりましたが、その晩から天気は大荒れとなり、二日目と三日目は中止のやむなきに至りました。猛吹雪のために時々ホワイトアウト状態となって周りがよく見えないのだから仕方ありません。四日目には雪も小降りとなって自衛隊の皆さんにも来ていただきましたが、大量に降り積もった雪を踏み固めるゲレンデ整備から始まり、雪の中に埋まってしまった簡易リフトを掘り起こす作業にも時間を費やしました。北海道家庭学校が誇る専用ゲレンデ・神社山スキー場ですが、今シーズンばかりは思いも寄らぬ苦戦を強いられました。

最終日の五日目は会場を街のロックバレースキー場に移してのスキー講習の総まとめ。久々の好天に恵まれて子ども達は皆満足した日焼け顔で帰ってきました。途中二日間の中断があって心配したものの、子ども達は怪我もなく皆それぞれに上達して自信をつけたと聞いて、校長としても大変嬉しく思い安堵したところです。初めてスキーを履いた生徒も何人かいたのですが、子ども達の順応性や潜在能力を改めて感じさせられました。自衛隊の皆さんにはつくづく感謝です。

さて、タイトルにもう一つ「北の里山」と付けたのには訳があります。実は北海道家庭学校の広大で豊かなな森が北海道から「北の里山」としての指定を受け、新年の一月五日付けで登録されたのです。登録名称は『森の学校』、登録番号は七十六番ということになりました。

この「北の里山」という用語が北海道庁の森林行政部門により創案された名称なので、一般的にはちょっとわかりにくいかもしれません。そこで、道庁のホームページ（ＨＰ）から関連する記事の一部を抜粋して引用する形でご紹介したいと思います。

「北の里山」づくり（北海道のＨＰから転載）

北海道では、「北海道森林づくり基本計画」において、道民が森林とふれあい親しむ場を創出するため、身近にあって地域に密着した里山林等の整備・保全を進めることとしており、「北海道らしい里山林」を「北の里山」として登録する制度を創設しています。

○北海道では、次の事項を満たす森林を「北の里山」と位置づけています。

・市街地からアクセスがしやすい

・現在、地域住民による森林づくり活動が行われている、あるいは、将来、見込まれる森林

○この「北の里山」では、植樹や枝打ちなどの森林づくり活動に取り組めるほか、散策や環境学習などのフィールドとしても利用が可能となっています。
○森林とふれあうイベントなどを検討されている方は「北の里山」登録地をフィールドとして活用してはいかがでしょう。

この「北の里山」への指定・登録については、遠軽町役場や地域の森林ボランティアの方などのご助言やご協力をいただいて実現したものです。北海道家庭学校の総面積四百三十ヘクタールの中で、今回指定を受けた山林面積は三百六十六ヘクタールにも及ぶ広大なものです。山林内には林道も張り巡らされており、日頃から山林班の子ども達と施設職員と分校教員による作業班学習の活動を中心に手入れされてきています。

市街地から近く、アクセスも良好な北海道家庭学校の深く豊かな森をもっともっと多くの方に楽しんでいただきたい、気軽に触れていただきたい、身近な学びの場にしていただきたいと、私たちは念願しています。そして地元のボランティア団体などとの協働による地域に根ざした息の長い里山づくりを目指していきたいと考えています。

再生の森・北海道家庭学校の里山に、皆さん、是非遊びにいらしてください。［2月号］

「社会的養護」の一翼を担って

誰にとっても「家族」は掛替えのない存在でしょう。特に子どもにとっては、この「家族」で構成する「家庭」が重要な意味を持ちます。「家庭」において、信頼関係をベースにして、愛されているという安らぎ感、守られているという安心感を得られることによって、子どもは健やかに育っていくことができます。

ところが、児童虐待や子どもの貧困などの問題により、「家庭」において適切な養育を受けることができない子どもも残念ながら少なくありません。これらの子ども達に対しては、「家庭」に代わる公的な機能によって養育や保護を行うことが必要となってきます。

近年「社会的養護」という言葉がよく使われるようになってきました。保護者のいない児童や、保護者に監護させることが適当でない児童を、公的責任の下に社会全体で養育し、保護するとともに、養育に大きな困難を抱える家庭への支援を行うことを意味しています。

児童福祉の体系の中で、「社会的養護」の対象となる児童の受け皿としては、乳児院、児童養護施設、情緒障害児短期治療施設、里親、ファミリーホーム、自立援助ホーム、そして児童自立支援施設があります。中でも児童自立支援施設の場合は、とりわけ対応が難しくなった子どもの最後の砦のような存在となっており、保護者や学校、市町村、警察、家庭裁判所、他の児童福祉施設などからの熱い期待のもとに、児童相談所の措置決定により、子ども達が入所してきています。

北海道家庭学校には、家庭から直接入所してくる子どももいますが、児童養護施設や情緒障害児短期治療施設、里親からの措置替えで入所して来る子どももいて、常時全体の三分の一ほどを占めています。中にはその前に乳児院の入所歴もあって、生まれて此の方ほとんど家庭で育ったことのない子どももいます。

施設や里親宅での生活の中で問題行動が顕著となり、いろいろな事情が重なって家庭学校に来ざるを得なくなった子ども達ですが、私としてはなるべく短い期間で改善させて、元の施設やできれば家庭に戻してあげたいと思っています。いくら開放処遇といえども、児童自立支援施設は社会と隔絶された指導・支援の場です。お金もケータイも持てず、通信も制限され、外出もままならないので、あまり長くいると社会適応に支障を来たし、自立が遅れると思うからです。

家庭や養護施設や里親さんから一方通行で家庭学校に辿り着くのではなく、早めに来て早めに元の場所に戻れることが理想だと考えています。［3月号］

北海道家庭学校の神髄

北海道家庭学校では、児童自立支援施設の「子どもの指導の三本柱」としての「生活指導」、「学習指導」、「作業指導」を、「生教一致（生活と教育の一体化）」という大原則に則り、有機的かつ一体的に行っています。

三つの指導の中でも「作業指導」には特に力を入れており、子ども達の日課の中で作業時間はかなりのウェートを占めています。寮周辺の草刈りや除雪、花畑や野菜畑やハウスの管理、さらには、薪割りや風呂焚き、寮舎内の清掃、炊事の手伝いなどを、それぞれ「朝作業」、「夕作業」として行っています。時には「全校作業」として、牧草の刈り取りや梱包の作業、広い敷地内全体の草刈り、礼拝堂や生活道路の清掃などの環境整備にも取り組んでいます。

そして、何といっても「作業指導」の中核となるものは「作業班学習」です。七年前から正規の学校教育が導入され、「学習指導」の面で格段に強化された今もなお、北海道家庭学校では「作業指導」に重きを置いた支援活動が続けられているのです。子ども達と家庭学校職員と望の岡分校教員が三位一体の形で「作業班学習」に取り組んでおり、各人が「蔬菜班」、「園芸班」、「山林班」、「校内管理班」、「酪農班」の五班に分かれて、毎週月曜・火曜・木曜の午後の学校日

作業班学習発表会

課の中で、共に汗を流し、大きな成果を上げています。児童福祉と学校教育の連携によるめざましい相乗効果が現れているのです。

この「作業班学習」は、「流汗悟道」と「with の精神」を基本とする「生教一致」を将に体現するものであり、児童自立支援施設の一つの典型がここにあると、私は考えています。さらには、全人教育としての学校教育が力強く展開されているとも思っています。

毎年十一月の勤労感謝の日の前後に開催されている「作業班学習発表会」はその集大成であり、北海道家庭学校の神髄を表す代表的なシーンが二日間にわたって繰り広げられます。「作業班学習」に取り組んでいる全ての児童が、外での作業が一段落したこの時期に二週間、五つの班毎に各教室に分かれ、家庭学校職員と望の岡分校教員の指導を受けながら、各人別々のテーマで発表の準備をします。一人が模造紙を五枚も六枚も使ってプレゼン資料を作り、発表の練習を重ね、本番に臨みます。そしてその発表は非常にレベルの高いものので、多くの聴衆を驚かせます。真似事でないホンモノの作業という実体験に裏付けられた発表内容であり、また、各自が自信をもって発表しているので、どの発表も非常に説得力があります。

北海道家庭学校の子ども達は忙しい作業日課に汗を流しながら、周囲の人のために役に立つ「よい働き」を体験して、充実感や達成感を味わい、自尊感情を高めています。「学習指導」を下支えする意味でも、「作業指導」が大きな成果を上げています。［収穫感謝特集号］

3

平成28年度
（2016年度）

落葉松林

義務教育終了児童への対応について

義務教育を終了した児童については、児童自立支援施設という施設種別の特性もあって、従来から難しい対応が求められてきています。児童自立支援施設における指導・支援は本来その施設の敷地内で完結することを前提としていますが、敷地内で享受できる学校教育は現状では小・中学校の施設内分校による義務教育までとなっているので、中学卒業後に即高校進学とならない児童については、施設独自の学習指導の取組として中卒児童クラスの日課を組んで対処することになります。

また、本来なら施設を退所して故郷の高校に進学できるまでに成長したと思われる児童であっても、頼れる保護者がいなかったり、児童本人が過去に起こした事件が災いしたりして、家庭復帰や児童養護施設への措置変更が叶わない場合もあります。そのようなケースについては、児童自立支援施設に入所したまま敷地外の高校に進学させざるを得ません。入所児童の活動範囲が施設の外にまで大きく拡がることにより、職員の対応も非常に難しくなります。

このようなことから、義務教育終了児童の対応については困難性が高く、全国的に見ても義務教育終了児童が数多く在籍する児童自立支援施設はほとんどありません。中学三年生以降の入所を一切受け付けない施設もあるようです。

北海道家庭学校では、全国に先駆けて二十年前から高校生専用の独立した寮を整備することにより、遠軽町内の高校の定時制課程や近隣の紋別市にある高等養護学校などに多くの児童を進学させてきました。一人でも多くの子どもに高等学校の教育を受けさせ、高卒の資格を取らせるためです。通学の途中で横道に逸れないように、実習先と高校への通勤・通学には全て職員が公用車で送り迎えしています。それでも高校生寮の子ども達は外の世界と施設の間を往き来するために、職員の目の届かないところで不適切な交流や物の持ち込みなどのトラブルを起こしがちです。スマホやケータイなどで情報化が進んだ今日の状況では全てを防ぎきることは難しくなっています。

高校生寮の児童も児童自立支援施設の入所児童ですから、ある程度の自由を制限しなければならず不満が溜まり、一方では長期にわたって過度に護られることで自律心や責任感が十分に育たず、かえって自立が遅れてしまう懸念もあります。

現在の高校生寮については、今年度中に開設予定の自立援助ホームにその使命を引き継ぐことによって発展的に解消していくことを検討しているところです。［4月号］

平和山山頂の記念碑

四月五日は校祖留岡幸助の月命日だったので、生徒と職員皆で恒例の平和山登山をしました。望の岡分校の春休み期間中で子ども達が休日日課だったこともあり、登山開始はいつもの早朝六時ではなく、朝食や朝作業なども済ませた九時半となり、少しのんびりしたスタートでした。

風もなく明るい陽射しが降り注ぐ登山日和となりましたが、林道や登山道にはまだ雪が残っていて、長靴歩きの一歩一歩が埋まったり滑ったりの連続で難儀しました。お陰で全員が山頂に揃うのに四十分ほどかかってしまいました。往復一時間余りの軽トレッキングでしたが、足許が悪かった上に徐々に気温も上がったことから、運動不足気味の私などは大汗をかいてしまいました。日頃から作業や運動で鍛えている子ども達がいつもどおりの涼しい顔で歩いているのを見て、羨ましいやら、頼もしいやら……。途中で弱音を吐く生徒も見られず、皆それぞれに背が伸びるとともに体力・気力も充実してきているなと、嬉しく思いました。

さて、ご存じの方も多いと思いますが、平和山山頂には二つの石碑が建っています。校祖留岡幸助と第四代校長留岡清男、両先生の記念碑です。いつもは向かって右側の幸助先生の遺詠（辞世の句）が刻まれた石碑の前に整列して、皆で校歌（賛美歌三八〇番のメロディーです）を歌ったり、子ども達に校祖の思いや家庭学校の歴史などを伝え聞かせながら、大人も子どもも皆で気持ちを新たにする、そのような平和山登山・礼拝を行っています。

昭和九年に幸助先生が逝去され、その年のうちに建立された記念碑ですが、そこに刻まれた辞世の句をここで改めてご紹介することにします。

眠るべきところはいづこ平和山
興突海《オコツクカイ》を前に眺めて

興突海《オコツクカイ》とはオホーツク海のことで、家庭学校から北へ直線距離で二十キロほどしか離れていないので、木々の葉が落ちた冬の好天の日、空気が澄んだときなど好条件に恵まれればオホーツク海や流氷を望むことができるとのことです。残念ながら私はこの二年の間に肉眼で確認できたことはありません。校祖存命の頃より木々の丈が高く伸び、豊かに生い茂っていることが影響しているのでしょう。

今回の平和山登山では、いつもと少し趣を変えて、左側の清男先生の記念碑についての話をしました。石碑に刻まれた碑文の話です。浅学非才の第九代校長としては、実は前の晩に俄勉強して、話のネタを仕入れてあったのでした。文字通り一夜漬けです。碑面の文字は次のとおりとなっています。

経営漫費人間力
大業全依造化効　　清渓

清渓は清男先生の雅号で、自筆の書を石碑に写したもののようです。昭和五十二年に七十八歳で逝去された後、翌五十三年九月二十四日の創立記念日に、当時の遠軽町長石井孝一氏が中心となった記念碑建立期成会によって建立されたもので、地元遠軽町の方々を初め全国各地の大勢の皆さんからご支援をいただいて作製されたもののようです。除幕式には道内外から百二十名もの人々が参列して、創立六十四周年記念も兼ねて盛大な祝賀の行事が挙行されたということが、昭和五十三年十月と十一月発行の『ひとむれ』第四三九号の「後記」と第四四〇号の「サナプチ日記」に記されています。

さて、この七文字二行の漢詩のような文言ですが、幸助・清男親子が生前共に愛誦していた句のようです。インターネットで調べてみたところ、江戸時代の蘭学者前野良沢が描いた自画像の賛として画面の余白に記された格言であることがわかりました。その自画像の写真を見て、意外なことに気づきました。碑文の最後の文字は「効」ですが、前野良沢自筆の賛では「功」の字が使われていたのです。

格言の句を読み下すと、「経営みだりについやす人間の力、大業はすべて造化の功による」ということになるようで、この句の意味については、谷昌恒第五代校長が『ひとむれ』第四三九号の巻頭言の中で「才覚縦横の、せかせかした経営はみだりに人間の力を空費させるのです。真に大事業の名に価するものは、深く神の力に帰依してはじめて可能でありましょう。」とその解釈を記しています。信仰厚い谷先生は「造化」という言葉を「神」と訳していますが、江戸時代に生きた前野良沢は「天地・自然・宇宙」というようなもっと広い概念でこの言葉を用いているように、私には思えます。

さて、今回の平和山登山では、生徒諸君に碑文の説明をする際に前野良沢の名前を提示しました。そのとき、おやっという顔をした生徒が何人かいました。そうです、前野良沢は社会科の教科書にも出てくる歴史上の有名人物で、杉田玄白と共に我が国初の西洋医学の解剖

平和山山頂の幸助記念碑

平和山山頂の清男記念碑

書の翻訳本『解体新書』を著した蘭学者なので、聞き覚えのある生徒もいたのでした。

後日談があります。実は私はその翌週の十四日に東北・北海道地区児童自立支援施設長会議で秋田を訪れました。千秋学園の皆さんには二日間大変お世話になりました。帰りの航空便の関係で時間があったので、独り秋田新幹線に乗って角館まで足を伸ばし、漫然と逍遙していたところ、そこで何と『解体新書』の石碑に遭遇し、前野良沢の名前が目に飛び込んできたのでした。『解体新書』の図版を描いた小田野直武が角館出身という縁で、石碑が建っていたのです。偶然力のなせる技かと深く感じ入った次第です。［5月号］

児童の権利擁護

児童福祉の仕事の役割や目的を端的に言うと「子どもの人権を護ること」即ち「児童の権利擁護」だと、私は考えます。児童自立支援施設・北海道家庭学校の立脚点も「児童の権利擁護」にあります。

五月二十六日・二十七日の両日、高知県で全国児童自立支援施設長会議が開催され、私も出席しました。この施設長会議の分科会等の議論の中で、「他に行くところがないからという消極的な理由で児童自立支援施設が選択され、対応に苦慮している」とか、「児童養護施設等からの措置替えで多くの児童が入所して来るが、一方通行で元の施設に戻れないことが多い」、あるいは「施設内虐待を惹起しないよう、子どもの人権についての研修に腐心している」等々、いつもながらの苦労話が交わされました。

児童自立支援施設の場合、少年司法の分野における少年院とは根本的に立脚点や指導方法が異なります。入所に関しては強制力は働かず、あくまでも児童本人の自己決定が必須の要件となります。また、入所後も閉じ込めたり拘束したりはできません。子どもの人権に配慮しているからであり、さらには、児童本人が自らを変革する気持ちを持たなければ、施設においていくら指導・支援に力を入れても奏功しないという考えからです。

児童自立支援施設においては、少年院で行われている矯正教育の手法ではなく、児童本人の周辺環境を整え、育ち直しを促して、本来持っている潜在的な力を引き出そうとする、所謂「環境療法」的な手法で指導・支援を行っています。

北海道家庭学校では信頼感の下に子どもと共に暮らす小舎夫婦制を堅持しており、監視カメラや外からかける鍵もなく、よほどのことがない限り夜間寝ずの番を置くこともしていません。子どもの人権への配慮とともに、信頼関係の構築こそが最も重要だと考えているからです。

そこで問題となるのは、入所に同意しない児童や入所後に施設を出て行きたいという意向を示して無断外出を繰り返す児童にどのように対処するかということです。明確な自己決定のない児童を力尽くで、あるいは他に選択肢がないのだからと半ば強引に説き伏せて、本人の意思に反して施設に連れて来ることは、当該児童の人権を侵害することになると、私は思います。児童相談所が当該児童の特性に応じた明確な処遇指針を立て、それを基にしっかりとした動機付けを行うことが何よりも重要であると考えます。

児童自立支援施設の中でも、特に作業指導に重きを置く北海道家庭学校の場合は、毎日の厳しい日課があります。家庭学校で自己を変革し、成長していきたいという強い意思を持たない児童にとっては、容易にこなせる日課ではありません。

五月中旬にやって来た児童は既に中学を卒業していて年齢的には高く、体格も態度も大きな少年でしたが、軽度の知的障害を有するためか精神的には非常に幼い印象を受けました。校長室での会話もほとんど成立せず、何故家庭学校に来ることになり、家庭学校で自分をどうしたいのかという恒例の問いかけをしましたが、全く言葉で回答できませんでした。児童相談所での動機付けが十分に行われず、本人の自己決定がなされないままに連れてこられたことが窺われました。

その児童は寮に移ってからも寮長の指導に乗らず、他の寮生とは言葉を交わすこともなく、その晩のうちに無断外出してしまいました。八時過ぎから職員十人が車を出し、町内や近郊を探し回りました。遠軽警察署にもお願いして、数多くの警察官とパトカーに出動していただく大規模な捜索活動になりました。家庭学校では過去に無断外出中の死亡事故もあったことから、遠軽警察署では警察犬の手配まで検討されていたようです。

土地勘もなく知的な問題も有している児童であったことから大変心配しましたが、何とか十一時過ぎに発見・保護して事なきを得ました。翌日担当児童福祉司が再訪して爾後二日間にわたって説得を試みましたが、結局同意が得られず、児童を連れて帰って行きました。

自然環境が厳しい北海道家庭学校では一つ間違えば無断外出が死につながります。三月初旬には夜間に一人で敷地内の雪山に逃げ込んだ児童がいて、必死の捜索活動となりました。暗闇の中を懐中電灯の灯りを頼りに足跡を辿りながら一時間半雪道を歩き回って発見したのですが、本人が興奮して強く抵抗するので無理をするとどちらかが怪我をする恐れがあり、このときもまた遠軽警察署にSOSの電話をしました。それから二時間、職員四人と警察官三人の悪戦苦闘の末にやっとのことで山から降ろすことができ、その後校長室で説得して、何とか寮に戻ってもらったのは深夜でした。

この児童については本館登校せずに自室にこもるなどの不調が長らく続き、職員がかかりっきりになっていましたが、児童相談所に再判定依頼をしても一時保護が叶わずに苦慮したケースでした。些細なことを切っ掛けに調子を崩し、自己決定した家庭学校で頑張る気持ちが揺らぐことがよくあります。そのような気持ちのままで長期間過ごさせることは、指導効果が上がらないいばかりか、子どもの人権にも関わることだと、私は考えます。

険しい高山を登攀中に強い風雪に遭い力が尽きくじけそうになったときに一旦戻して休ませ、励まし、再動機付けをする、そういうベースキャンプが児童相談所の一時保護所だと思います。児童の人権擁護の観点からも、児童相談所の時宜を得た的確な対応を切に願うものです。［6月号］

「朗読会」について

毎月『ひとむれ』とセットでお送りしている小冊子『朗読会』は、日曜礼拝の中で月に一度実施している「朗読会」の発表内容と講評をまとめたものです。

近年の「朗読会」では、三つある一般寮の各寮長が指名した三人の児童が発表者となっています。発表者は寮長の指導の下に苦心しながら作文を書き、当日礼拝堂の壇上に立ってそれを読み上げ、全校生徒と家庭学校職員が聴衆となる形で行われています。それぞれの発表毎に家庭学校職員が交替で感想を述べ、最後に校長が登壇して三人の発表に講評を加えるというスタイルをとっています。

発表者には入所後三カ月以上が経過し、比較的安定した生活を送っている児童が指名される習わしとなっており、子ども達は指名されたことを名誉に思い、皆の前で張り切って決意を述べます。

この「朗読会」がいつ頃始まったのか調べるために『ひとむれ』のバックナンバーを探ってみたところ、昭和四十二年四月一日発行の『ひとむれ』第二九一号の中に当時の楽山寮長だった森田芳雄先生の「朗読会」という記事を見つけ、起源が今から五十年も前の昭和四十一年度まで遡ることがわかりました。その森田先生の記事を一部引用する形でご紹介したいと思います。

「昭和四十一年度の初めの頃職員会の議題に生徒の言葉遣いの事が取り上げられました。問題となった事は、発音が悪い、口をしっかり開けてはっきりと発語しない、早口で言葉を略す傾向がある、正視して正しい姿勢を保たず礼儀正しくない、等でした。

これまで正しい言葉遣いについては、ひとむれ会においても何度か議題になって話し合われましたが、効果的な方法は見い出されないままに過ぎていました。

学習においても、一般に教科書の朗読は下手で、国語をはっきり朗読する発表会をしてはどうだろうということになりました。朗読は読書指導にもなり、発表力をつけ自信をもたせることにもなり、それを聴き取る側にも正しい言葉遣いを体得させることが出来るのではないかと考えられました。

会のもち方は月の第一日曜日、発表者は各寮より一名ずつ、毎回交代で全生徒が発表する。題材は生徒図書、生活作文、詩等何でも良いが、前もって寮長に内容を見てもらう。朗読発表時間は一人五分間、発表者に対しては先生方より簡単な講評をしてもらうという事にしました。最初の一、二回は、生徒男女職員一同を前にして壇上に立つと、さすがに緊張して固くなりましたが、回を重ねるうちに、××君が発表したのだから僕だってもっとうまく出来そうだと、自信をもつ生徒が現れ、図書を借りて読む者が多くなりました。

こうして朗読会は、段々充実して来ました。発表者は現在までに五四名、発表を大まかに分類すると次のようになります。偉人の伝記二〇名、文学一二名、生活作文一二名、童話九名、その他一名。……（後略）」（昭和四十二年四月一日発行『ひとむれ』第二九一号より引用）

興味深い内容だったので思わず引用が長くなってしまいましたが、五十年前に「朗読会」がスタートしたときは、現在のような児童本人の作文の発表は少なく、皆の前で本を読む、上手に朗読するということが主体だったようで、読書指導をしながら正しい言葉遣いを体得させることや発表力をつけることを目標にしていたことがわかりました。

爾来五十年間一貫して日曜礼拝のときに月に一度実施してきたようで、昭和四十四年に谷昌恒第五代校長が就任した辺りから、現在のような本人自作の作文を発表するスタイルが定着したものと思われます。往時は七寮に八十五人の児童が入所していた訳ですから、毎回七人の代表が朗読発表し、それに職員と校長が感想や講評を述べる形をとっていたとすれば、さぞかし長い時間がかかったことと思います。昭和五十年代からの家庭学校をよく知る軽部晴文副校長によると、当時は退所前の児童が直前の「朗読会」で発表する習わしもあったそうで、七寮の代表に加えてさらに多くの発表と講評が延々と続いたようです。

さて、五十年間日曜礼拝のときに毎月実施してきた「朗読会」ですが、実は今回の六月実施分（『朗読会』七月号掲載）から、思い切って日曜礼拝から切り離し、平日の学校日課の中で行うことに変更しました。原則水曜日の七時限目の時間帯に、一般寮の生徒全員と、家庭学校の職員が礼拝堂か音楽室に集い、そこに七年前から協働の形で指導に当たっていただいている望の岡分校の先生方にも加わっていただくことにしたのです。これまで公立学校の教員の皆さんに日曜日の宗教的色彩を帯びた行事に参加していただくことは難しく、また、家庭学校職員であっても寮母などは日曜の午前中は昼食準備のために参加できなかったこともありました。さらには、近年は家庭学校職員も隔週毎に交替で休みを取れるようになったので、日曜の午前中は職員が最も揃わない時間帯となり、部長や主幹、本館職員は元より、指名した寮長でさえも「朗読会」に臨めないことが間々ありました。

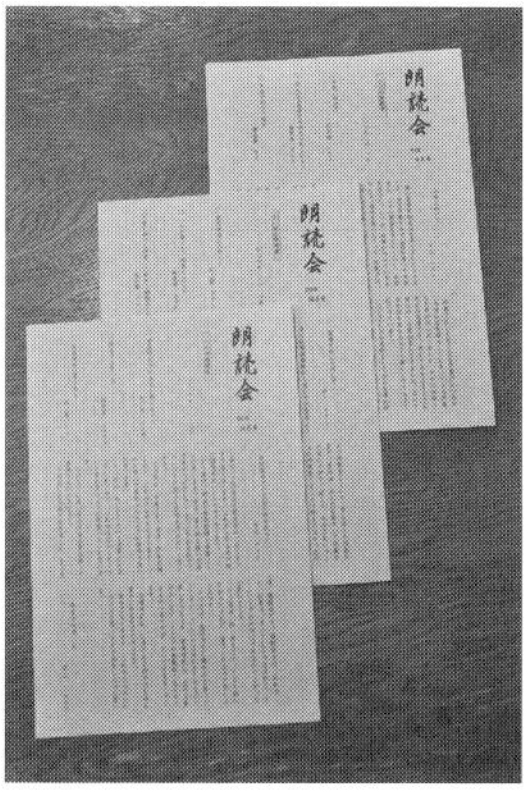

『朗読会』冊子

場所はこれまでどおり夏場は礼拝堂、冬場は音楽室で実施することにしています。「朗読会」の機会を通じてなるべく多くの大人が子ども達に深く関われるようにするとともに、「朗読会」の内容もさらに充実させ、より一層指導効果を高めていきたいと考えています。『朗読会』誌面も引き続きご愛読いただき、ご意見ご感想などをお寄せいただければ幸いです。

［7月号］

北海道家庭学校に伝わる尊い教え

月に一度、日曜礼拝の中で実施してきた「朗読会」を平日午後の時間帯に移したことから、その代わりに月に一度の日曜礼拝の折に「校長講話」を行うことにしました。普段子ども達には、毎朝の朝礼の中で短く語りかけていますし、各種行事や始業式・終業式など、ことある毎に話をしていますが、一つのテーマを掘り下げて、少しまとまった形で話をしてみたいと思ったこともあります。

ただ、そうはいっても、なかなか集中力が持続しない子ども達です。話の内容が複雑だったり、抽象的だったりして、ちょっとでも難しいと感じると、途端に興味を失います。何とか皆の注目を集め、一つでも心に残るものにしたいとの思いから、まずは第一回目として、家庭学校内の風景や建物などを撮影した写真をスライドで見せながら、名称や言葉に込められた意味などを語って聞か

校祖胸像・一路到白頭

せることにしました。その一端をご紹介します。

タイトルは『北海道家庭学校に伝わる尊い教え』としました。クイズ形式も取り入れたので、小学生を中心によく手が挙がりました。いつも目にしている本館前庭の「校祖留岡幸助の胸像」や掬泉寮前の「生命《いのち》の泉」の写真を見せると、皆すぐに反応がありました。

次に、自分たちが生活している三つの一般寮の写真を見せたところ、当然ながらすぐにわかりましたが、名前の由来について尋ねると、首を傾げるばかりだったので、私なりの解釈を説明しました。

まずは、「掬泉寮」です。「掬」という字は教科書に出てこないので、子ども達にとっては馴染みのない漢字です。校祖留岡幸助が「生命の泉」を発見し、その泉の水を飲み水やお風呂の水、畑の水などに活用できたお陰で家庭学校の生活が成り立ち、開拓が進んだということで、大変大事な泉であることを話しました。「掬泉」とは「泉の水を掬う」という意味で、「生命の泉」を見つけた喜びと感謝の気持ちを表すために「生命の泉」のすぐ前に建つ寮の名称を「掬泉寮」としたのではないかと説明しました。

二つ目の「石上館」については、ゲストハウスの「樹下庵」とセットで考えて、禅語の「樹下《じゅか》石上《せきじょう》」という言葉からとって命名したのではないかということを話しました。「樹下石上」とは出家行脚《しゅっけあんぎゃ》する者の境地のたとえで、仏道を修行する者が宿とする道端の樹の下や石の上を表し、樹の下であろうが、石の上であろうが、今居るところ、即ちどこに居てもそこが座禅道場なのだということを意味しており、生徒諸君にとっては今居る家庭学校が修行の場なんだよということを、幸助先生は伝えたかったのではないかと、これも私なりの解釈を伝えました。

三つ目「楽山寮」の名前の由来については、論語の「知者楽水《ちしゃらくすい》・仁者楽山《じんしゃらくさん》」という句を紹介しました。前段の「知者楽水」とは、知恵のある賢い人は、水が流れるように才知を働かせ、滞ることがないから、水を好んで楽しむものであるということを意味し、後段の「仁者楽山」とは、人徳の備わった人は、欲に動かされず、心が穏やかでゆったりとしているので、自ずから安定したどっしりとした山を愛するものであるということを意味している。「楽山寮」の人に心穏やかでゆったりとして、安定した生活をしてほしいという願いを込めて、幸助先生が命名したのではないか……という解釈を披露しました。

「難有」の額

次に、礼拝堂の正面に掲げられている「難有」の額について触れました。スクリーンにも「難有」の写真を映し出しましたが、子ども達はその上を見上げればそこに本物の「難有」の額があります。横書きで右から左に「難有」と書かれており、右から読むと「なんあり」、左から読むと「ありがたし」となります。校祖留岡幸助が好んだ言葉だそうで、私なりの解釈としては、「人は困難なことにぶつかってそれを乗り越える度に成長していくものだ。だから、困難なことにぶつかることは大変なことだろうが、実は有り難いことなのだ。皆も家庭学校に来るまでにはいろいろと困難なことにぶつかって、辛いことや苦しいことがあったと思う。でも、それは逆に成長のチャンスなので、有り難いことだと思って、家庭学校でそれを乗り越えていこう！」と語りかけました。

他にもいろいろ話しましたが、もう一つだけご紹介します。最初に写真を見せた「校祖留岡幸助の胸像」についてです。台座には「一路到白頭」と刻まれています。若き日の留岡幸助が単身渡米して学んだニューヨーク州のエルマイラ感化監獄の典獄ブロックウェイが座右の銘としていた"This one thing I do."を翻訳した言葉です。「一つの道（仕事）を、一心不乱に頑張って努力を続けてきたら、大きな成果が得られた。素晴らしい仕事が成し遂げられた。ふと気がついたら、自分の頭が真っ白になっていた。白髪のおじいさんになっていた。大きな成果が得られるまでには、それぐらい長い時間と努力が必要だ。逆に一つの目標に向かって長い間努力を続けたら、白髪になる頃にはきっと素晴らしい成果が得られる」、そういうことを幸助先生は伝えたかったのではないか……と、私なりの解釈を話し、「君達の場合はこれから先七十年も八十年もの長い人生があります。大きな未来があります。これからの人生、時々「一路到白頭」を思い出して、努力を続けてほしい。家庭学校を退所した後も一つの目標に向かって努力を続ければ、白髪になる頃にはきっと素晴らしい成果が得られます」と締め括りました。［8月号］

能《よ》く働き・能《よ》く食べ・能《よ》く眠る

まず第一に、北海道家庭学校の子ども達はよく働きます。子ども達に寄り添い励ます大人達もよく働きます。七年五カ月前に望の岡分校が開設されてからも、週三回午後の学校日課の中で「作業班学習」が行われています。子ども達と家庭学校職員と望の岡分校教員が三位一体の形で、

「蔬菜班」、「園芸班」、「山林班」、「酪農班」、「校内管理班」の五班に分かれて、真似事でないホンモノの作業が、各作業班毎に力強く展開されています。

働く時間は「作業班学習」のほかにもあります。各寮毎に寮周辺の草刈りや除雪、花畑や野菜畑やハウスの管理、さらには、薪割りや風呂焚き、寮舎内の清掃、炊事の手伝いなどを、それぞれ「朝作業」、「夕作業」として行っています。時には「全校作業」として、牧草の刈り取りや梱包の作業、広い敷地内全体の草刈り、礼拝堂や生活道路の清掃などの環境整備にも取り組んでいます。

子ども達はこうした忙しい作業日課に汗を流しながら、周囲の人のために役に立つ「よい働き」を体験して、充実感や達成感を味わい、自尊感情を高めています。学習指導を下支えする意味でも、作業指導が大きな成果を上げています。

毎日このように作業で忙しいために、家庭学校の子ども達には、スポーツに興じたり、寮内で戯れる時間はあまりありません。クラブ活動は夏場の土曜日の午前中のみの設定なので、常設の野球チームもなく、全国の児童自立支援施設が加盟する全日本少年野球連盟とは、長年の間会費納入のみのお付き合いでしたが、ついに昨年脱退させていただきました。作業指導に重きを置く北海道家庭学校としては、日々の暮らしの中で野球の練習をしている暇はなく、今後においても野球大会に参加することはまずないと判断したからです。

第二に、北海道家庭学校の子ども達はよく食べます。広い敷地内の作業や移動でよく身体を動

山林班（出動）

校内管理班（道路補修）

かすので、お腹が空いてたくさん食べられるのだと思います。量ばかりでなく、質的にもよく食べます。家庭学校では特に食事と食育に力を入れており、季節毎の野菜や山菜、牛乳やバターなど、家庭学校の敷地内で収穫される新鮮な食材をふんだんに使った料理を毎日提供しています。栄養士が主催し、寮母等が参加する月例の「給食運営会議」によって毎月の献立表が作成され、給食棟でも各寮でもそれに基づいて非常に手の込んだ調理が行われています。

まず、寮での食事ですが、平日と土曜日と祝日は朝晩の二食、日曜日は朝昼晩の三食が、それぞれの寮毎に準備され、各寮の食堂で食されます。寮母が調理し、炊事当番の児童がそれを手伝います。寮母は児童と一緒に手を動かしながら、また、対面式キッチンから食事風景を見守りながら、そして寮長は寮での全ての食事を児童とともにしながら、子ども達一人一人と心を通わせます。

次に、給食棟での食事です。月曜日から土曜日までの昼食会と、月に一度の誕生会（夕食または昼食）が、子ども達と家庭学校職員と望の岡分校教員が一堂に会して、和気藹々の中で楽しく行われています。大人も子どもも所謂「同じ釜の飯を喰う」わけです。時にはお客様や法人役員にも参加していただいています。

子ども達にとっては、作業班学習や朝作業・夕作業で自らが丹精して育てた野菜や果物です。滅多に残したり、捨てたりしません。新鮮な野菜・果物の美味しさに驚き、入所前の食わず嫌いも自然に直るようです。ワラビやギョウジャニンニクやヤマブドウなどの自然の恵みも、何しろ自分たちが家庭学校の森で採って来たものですから、皆喜んで食べます。牛乳は毎朝当番の生徒が牛舎に向かい、牛乳缶で寮まで運びます。どの生徒も新鮮で濃厚な味を堪能しているようです。

楽山寮夕食

第三に、北海道家庭学校の子ども達はよく眠ります。早朝六時から日課が始まり、日中に作業や勉強、レクレーションなどで完全燃焼するので、毎晩泉の水を薪で沸かすお風呂に入ると、九時半には眠りに就きます。全員早寝早起きです。

校祖留岡幸助が唱えた「能く働き、能く食べ、能く眠る」という「三能主義」の精神が、創立以来百二年間、北海道家庭学校の確たる伝統としてしっかりと受け継がれてきています。

家庭学校にやって来る子ども達は、それまで往往にして昼夜逆転の生活をしてきています。ゲーム依存や偏食の酷い子どもも少なくありません。無気力、無関心、無感動、不活発な生活です。そのような不健康な生活が、不登校、引きこもり、深夜徘徊、金銭持ち出し、家庭内暴力等の問題行動に繋がり、中には虞犯行為、触法行為に発展した子どももいます。

家庭学校ではテレビゲームは一切できません。スマホやケータイも持てず、パソコンも勉強以外には使えません。毎月の小遣いは金銭出納帳で管理され、現金は持てません。塀も柵もない開放処遇といえども敷地の外に出ることは御法度です。電話、手紙などの通信相手も保護者など一部の人に限られます。単独行動はできず、年間行事予定表や日課表のとおりに常に集団で動くことになっており、プライバシーも制約されます。これらは所謂「児童自立支援施設の枠のある生活」ということで、「育ち直し」には適した環境ですが、反面自主性や自律心が育たず、長く居ると自立が遅れてしまいます。

夕作業

北海道家庭学校は「能く働き、能く食べ、能く眠る」健康的な生活の場ですが、あくまでも短期集中的な「育ち直し」の場であるべきだと、私は考えています。［9月号］

百二年目の創立記念日

秋晴れの九月二十四日、北海道家庭学校は全校生徒と職員、そしてお客様にも参加していただき、百二年目の創立記念日をお祝いしました。第一部は十一時から礼拝堂で、第二部は正午から給食棟で、皆で楽しく充実した時間を過ごすことができました。因みに昼食メニューは創立記念日定番の赤飯、鮭の照焼、金平、漬物、果物でした。加えて自家製紫蘇ジュースも振る舞われました。

以下、校長講話の概要を記させていただきます。

＊＊＊

北海道家庭学校百二年目の創立記念日のお話をします。皆さんの右側に掛かっている写真は、いつもお話ししているこの家庭学校をつくった人、校祖とも呼びますが、留岡幸助先生です。幸助先生が、この遠軽の地に北海道家庭学校を開かれて、百二年になります。

今日の創立記念のお祝いには、いつも家庭学校で生活している生徒の皆さんと先生方のほかに、お客様にも参列していただいています。家庭学校の職員としての大先輩の齋藤益晴先生と田中勉先生、そして、北海道教育大学の二井仁美先生です。お忙しい中ご参列いただき、誠に有り難うございます。

齋藤先生と田中先生は、運動会などの行事のときにもよく来ていただいて、生徒の皆さんや我々職員にも激励の言葉をかけてくださっているので、知っている人も多いと思います。また、二井先生は、今、『北海道家庭学校百年史』という本の編集、家庭学校の歴史をまとめる大変大きな事業なのですが、その中心となってご尽力いただいており、最近は週末などに頻繁に来校されているので、みんなもお顔を知っていると思います。教育大学旭川校の学生さんの実習にも同行されて、各寮にも訪問されていますね。

さて、今日は創立記念日なので、少し歴史を振り返ってお話ししたいと思います。とは言っても、私は家庭学校に来てまだ二年半しか経っていませんので、実体験としてはあまり多くはありません。そこで、家庭学校で長らく寮長や部長を務められてきた副校長の軽部先生や、今日お見えになった三人のお客様などから教わったお話を中心にお話しします。

昔の家庭学校の先生方は、いろいろと幅広く、しかも大変高度な知識や技術を持っておられました。ご自身で相当努力されて研鑽を積まれたものと思います。皆さんの先輩に当たる生徒たちに、作業指導や学習指導、生活指導の中で、たくさんのことを教え、またそうした暮らしの中で、グランド横にある体育倉庫や桂林寮前の金属加工所なども、齋藤先生と田中先生が、自力で建てられたそうです。大工さんや板金屋さんのプロの技術を持っていらしたんですね。

齋藤先生は、園芸のことがとっても詳しくて、花壇のことなどでいつもご指導いただいていま

校長講話

す。今日この礼拝堂に飾られているドライフラワーもそうですが、学校中に飾られているドライフラワーは、全部齋藤先生お手製のものです。

田中先生は、板金（金属加工）の技術を持っておられるので、あちこちのトタン屋根もそうですが、今もみんなが毎日重宝して使っている牛乳缶なども田中先生が作られたものです。

それから、今日ここにおられない先生方についても、少しお話ししたいと思います。皆が毎日入っているお風呂の水ですが、また、畑の水もそうですが、家庭学校の敷地内の泉から地下に張り巡らされた水路を通って引かれています。その膨大な長さの水路は、平本先生という先生が生徒と共に作られたものです。

また、この前の校長講話で「暗渠の精神」のことをお話ししましたが、家庭学校の敷地内の畑や牧草地が豊かな土地になるように、大がかりな土壌改良工事を

（暗渠排水工事のことですが）、昔の先生方や生徒が、長い年月をかけて、来る日も来る日も、重機もない時代だったので、スコップやツルハシを使って土を掘って、暗渠を作ってくださいました。そのおかげで、今、家庭学校の畑や牧草地に野菜や花や牧草が豊かに実り、育っています。私はそのことを、昔酪農担当をされていた川口先生という先生から、四町畑（掬泉寮の裏に広がる牧草地ですが）、そこに暗渠を作られたときに生徒と共に苦労されたエピソードをお聞きしました。

これらのことは、北海道家庭学校の長い歴史の中のほんの一部ですが、こうした大先輩の先生方や生徒たちの営々とした努力、頑張りによって北海道家庭学校の歴史と伝統が作られ、物心両面にわたる財産として伝わって、今日私たちがここで勉強し、生活できていることを、皆さんに知っていただきたいと思ってお話ししました。そして、これからの家庭学校の歴史を作り、伝統を守っていくのは、今ここに居る私たち、生徒と先生方です。創立記念日に当たり、そのことをしっかりと心に期したいと思います。

さて、今日の礼拝、式典に当たり、校歌や讃美歌などの伴奏とピアノ演奏をしてくださった先生は、荒木美香先生です。今日一緒に参列されている荒木陽平先生と共にかつて家庭学校で先生をしておられました。お二人にも、心より感謝を申し上げます。

さて、最後にもう一つだけ、今度は君達の大先輩のお話をしたいと思います。今、荒木先生が弾いてくださった奥の方にある楽器、ロジャースオルガンといいます。とても良い音がしました。

この荘厳な音色を奏でる素晴らしい楽器は、今から十八年前に、一人の卒業生から寄贈されたものです。電気で動くので、放送設備とセットで、当時の金額で五百万円もした高価なものと聞いています。この方は、もう既に亡くなっていますが（ご存命だったら九十代半ばの方です）、家庭学校に在籍していたときも、家庭学校を卒業してからも、おそらく大変勉強された方なのでしょう。後に法学博士になられたそうです。東京でたくさんの会社の経営を指導したり法律上の相談に乗ったりするコンサルタント会社をご自分で作られ、広く世のため人のために役立つ立派な仕事をされた方だそうです。家庭学校の生徒だったときには、一群会の理事としても大活躍されたそうです。

みんなも、別に大金持ちにならなくても良いのですが、この先輩のように世の中のため人のために役に立つ仕事をする人になってほしいと願っています。

この百二年の間に、家庭学校で何人の生徒が学んだと思いますか。皆さん方生徒には、一番最初に入った生徒から順番に通し番号が付いています。この中で一番新しい生徒は今月入所したR君で、番号は二五〇五番です。これまで二五〇〇人を超える生徒が家庭学校で一生懸命努力して、自分を磨いてきました。

その中で、初めから家庭学校を目指して、ここに入りたくて来た人は、ほとんどいないはずです。児童相談所の先生などの勧めがあって、たまたまここに来ることになったのだと思います。最後は自分で覚悟を決めて、家庭学校で自分を変えようと決意して入ってきたのだと思います。

そして、家庭学校で先生方と出会い、仲間と出会い、それぞれが切磋琢磨して頑張ってきた、そうした百二年の歴史と伝統があります。

この礼拝堂に掲げられた「難有」の額については、以前の講話でもお話しし、校祖留岡幸助先生の思いを伝えました。これまで君達はいろいろと困難なことにぶつかって苦労してきたと思います。そして今現在も苦労していると思いますが、人間は困難なことを乗り越えることによって一段と大きく成長していくものです。だから、困難なことに遭うことは大変だし、苦しいことだけれども、逆に有り難いチャンスでもあります。皆はせっかく家庭学校に来たのだから、今ここにいることが大きなチャンスだと思って、しっかりと自分を見つめて、過去の自分を変えるために努力してほしいと思います。家庭学校での一日一日の生活を大事に真剣に過ごしてほしい、そして大きく成長してほしいと願っています。

今日は北海道家庭学校の百二年の歴史を振り返りながら、皆さん方一人ひとりが、もう一度自分を見つめ直して、ここで過ごす意味をしっかりと考える、そういう一日にしてほしいと思います。

今日からまた一緒に頑張っていきましょう。お話終わります。

＊＊＊

創立記念日に際して、多くの皆様から激励の言葉やご厚志をいただきましたことを、心より感謝申し上げます。［10月号］

寮長・寮母の結婚式

去年の四月から楽山寮の寮長・寮母として活躍してくれている千葉正義・珠季夫妻の待ちに待った結婚式と披露宴が、秋晴れの十月八日、旭川市内の結婚式場で行われました。新郎が遠軽町丸瀬布の出身、新婦が室蘭市の出身ということで、両家の親族等が集まりやすい中間地点の旭川を開催場所に選んだようです。二人の人柄を物語るように一四三人もの人が集う盛大なイベントとなりました。

仕事柄北海道家庭学校の職員全員が参加することはできませんが、各寮を守る職員を除く多くの職員と家庭学校の関係者等が祝福に駆けつけました。さらには、いつも連携・協働の形で児童の指導・支援に取り組んでいただいている望の岡分校の先生方も大勢参加されました。『乾杯』の歌を合唱し、皆で喜びを分かち合えたことは大変嬉しく、有り難く思いました。

私は新郎・新婦と職場を共にする者として、僭越ではありましたが祝辞を述べさせていただきました。その祝辞の一部を抜粋して掲載させていただきます。

＊＊＊

千葉正義さん、珠季さん、「結婚式」おめでとうございます。そして、千葉家、岸田家、ご両家の皆様、本日は誠におめでとうございます。

只今、「『結婚式』おめでとう」と申し上げました。皆様ご存じと思いますが、お二人は既に昨年二月に入籍をされております。実は、私ども北海道家庭学校は、児童自立支援施設の中でも、伝統的な「小舎夫婦制」を堅持しております。「小舎夫婦制」の寮長・寮母は、当然ながら正式な夫婦でなくてはなりません。ということで、昨年度当初から「楽山寮」の寮長・寮母を任せられるのはこの二人しかいないという私の勝手な思いから、お二人にムリを言って、入籍を急いでもらったという経過がございます。

ムリなお願いをお二人は快く引き受けてくれまして、新婚生活の余韻に浸る暇《いとま》もなく、この一年半、お若いながらも、小学生から中卒生までの少年達の親代わりという寮長・寮母の業務に取り組んでいただいています。そのようなことで、随分と時間が経ってしまいましたが、お二人がやっと今日の佳き日に華燭の典を挙げられたということで、私としても、本当に安堵し、大変嬉しく思っているところでございます。

新郎の正義さんは、平成十九年からですから、もう九年になりますが、家庭学校の「本館職員」、そして「寮担当職員」として勤務されております。畑違いの法学部のご出身ですが、児童の指導・支援の業務に生きがいを感じられて、もう今では児童福祉の仕事を天職と考えられているのではないかと、私はそのようにお見受けしております。

千葉寮長が子ども達に語りかける言葉は厳しい中にも愛情が溢れています。日が暮れて真っ暗になっても、寮の周りを電気で照らして、熱心に「夕作業」の指導をされています。集中力や忍耐力に欠ける子ども達ですが、千葉寮長の後について、皆、黙々と作業をしている、そういう姿をよく見かけます。正義さんは非常に熱心で几帳面な仕事をする方で、家庭学校の中核を担ってくれています。

新婦の珠季さんですが、平成二十五年の二月から家庭学校に勤務されています。家庭学校の前にも、児童養護施設で二年半、指導員をされていた経験もあり、今日ご出席の名寄市立大学の家村先生、家庭学校の理事でもありますが、この家村先生の薫陶を受け、児童福祉の基礎をしっかりと身に付けられ、子どもに対する深い愛情とともに、優れた洞察力も持った方でございます。

寮母としての業務ばかりでなく、本館業務にも積極的に取り組んでおられまして、運動会のクライマックスとなる「全校ダンス」の指導を三年連続して担当されるなど大活躍されています。料理が上手で愛情が細やかな方なので、これからも熱血漢の寮長と力を合わせて、子ども達を優しく包み込んでいただきたいと思っています。

お二人には、新婚生活をのんびりと過ごす時間はほとんどなかったと思いますが、どうぞこれからも、家庭の愛情に恵まれず、そして困難を抱えている多くの子ども達を教え導き、支えてあげてほしいと念願しております。

お二人に、一つ言葉を贈ります。

「愛とは、お互いに見つめ合うことではなく、一緒に同じ方向を見つめることである」

フランスの作家、サン＝テグジュペリの言葉です。お二人が温かな、素晴らしいご家庭を築かれることを、私は確信しています。どうか今日の日の、この感激・感謝の気持ちを忘れずに、末永く幸せに、そして力を合わせて長い人生を歩んでいってください。

＊＊＊

二人の結婚式に先立つ十月二日の日曜日の校長講話の中で、私は子ども達に吉野弘の詩『祝婚歌』を紹介しながら、「皆で楽山寮長・寮母の結婚式を祝福しよう」、そしていつものとおり「人の気持ちがわかる人になろう」と語りかけました。この詩の中で特に子ども達に聴かせたかった二つのフレーズを紹介します。［11月号］

「二人のうちどちらかが
ふざけているほうがいい
ずっこけているほうがいい

互いに非難することがあっても
非難できる資格が自分にあったかどうか
あとで疑わしくなるほうがいい」
「正しいことを言うときは
少しひかえめにするほうがいい
正しいことを言うときは
相手を傷つけやすいものだと
気づいているほうがいい」
（吉野弘『祝婚歌』から引用）

子権侵害・親義務違反

北海道家庭学校に入所する前に虐待を受けていた児童の割合は、近年では常に六割から七割ほどの数値で推移しています。ただし、その数値も児童相談所が感知して虐待ケースと認定したもののみの数値であって、入所後の本人の言動や児童記録票等の記載内容から類推して虐待が窺われるケースは実際にはもっと多くあります。平成十二年施行の『児童虐待防止法』に規定する「児童虐待」の定義に照らせば、ほとんどが虐待ケースに当たるのではないかと、私は見ています。北海道家庭学校は、被虐待経験を有する子ども（と、発達障害を有する子ども）の集まりだというのが私の実感です。

十一月は厚生労働省が「児童虐待防止推進月間」に定めており、全国各地で広報・啓発活動が集中的に繰り広げられています。北海道においても毎年雪がちらつき始めるこの時期に、各地の児童相談所等が主催する講演会やシンポジウムが開催されています。児童相談所にいた頃は主催者側だった私ですが、今年は北海道帯広児童相談所に呼ばれて、十勝管内の音更町総合福祉センターで講演しました。そのときの演題が「子権侵害・親義務違反」で、サブタイトルが「北海道家庭学校の子ども達」というものです。

「子権侵害」も「親義務違反」も、私が五年ほど前に思いついた造語なので、多くの皆さんにとっては耳慣れない言葉だと思います。どういうことを意味しているのだろうと訝しむ方もおられるかもしれません。私としては「児童虐待」という言葉を「子権侵害・親義務違反」に読み替えたい思いがあるのです。

私は「児童虐待」という言葉が嫌いです。「虐待」の二文字が与える印象があまりにも強烈だからです。「虐」という漢字は「虎の頭」の象形と「虎の爪」の象形と「人」の象形（「人」の象形部分は後に省略されたようです）から、虎が爪を立てて人を押さえ込む様子を表し、そこから「むごい」という意味を表す会意《かいい》文字《もじ》だそうです。その作りからして非常に陰惨な印象を与える漢字なのです。「動物虐待」ならいざ知らず、人間の親が人間の子どもになす行為を表現する言葉として「虐待」は酷すぎると思います。児童相談所や周囲の人から、「あなたは虐待をしている」と言われてすんなり受け入れる親などまずいません。時には猛烈な抵抗に遭います。

私は「児童福祉」の仕事の目的や役割は「子どもの人権を護ること」だと考えています。国連が一九八九年に制定した『児童の権利に関する条約』というものがあります。我が国では一九九四年に批准されました。この条約の中で、「子ども」は、自分のことについて自由に意見を述べ、自分を自由に表現することが認められるべきであり、また、私生活・家庭・住居・通信に対して、不法に干渉されないことや、暴力や虐待といった不当な扱いから守られるべきものであることなどが定められています。「子ども」を単なる「保護の対象」としてではなく、独自の考えや主体的な能力を持つ「大人と対等な一人の人間」として捉え、発達段階に応じてその権利を行使しながら社会に参加していく存在であると考えていることがこの条約の特徴です。こうしたことから、『児童の権利に関する条約』は、子どもを一人の「権利主体」として捉える人権史上画期的な条約であると、高く評価されています。

今年五月の『児童福祉法』の改正において、同法の基本理念ともいえる第一条の条文が大きく書き換えられました。「全て児童は、児童の権利に関する条約の精神にのっとり、適切に養育されること、その生活を保障されること、愛され、保護されること、その心身の健やかな成長及び発達並びにその自立が図られることその他の福祉を等しく保障される権利を有する」という文言に改訂されたのです。『児童福祉法』の中で「子どもの人権」が一層明確に位置付けられたのです。

私としては、「児童虐待」とは「子どもの権利を侵害すること」であり、加えて「親としての義務（親権）を怠ること」であると考えています。したがって、「児童虐待」というイメージ優先の言葉よりも「子権侵害・親義務違反」の方が説得力があり、また、言われた当人も受け入れやすいのではないかと考えるのです。

さて、こうした『児童の権利に関する条約』や『児童福祉法』の精神を踏まえて「子どもの人権」を考えたとき、非行や問題行動を有する児童に対応する児童自立支援施設といえども、入退所に当たっては児童本人の意思が尊重されなければならないことは言うまでもありません。あくまでも本人の自己決定に基づいて入所すべき施設であり、在籍期間についても当該児童の意向を尊重して判断すべきものと考えます。周囲の大人が良かれと思っても、また、社会防衛的な観点からその児童をしばらく地域や学校から遠ざけようという思惑があったとしても、本人が納得しない状況で行うことは「子権侵害」であって、公的機関までが「児童虐待」を行うことになってしまいます。

そもそも児童本人が納得できずに強行される行為がその子どもの成長に繋がるわけがありません。子どもの自立支援の手法は「矯正」でも「強制」でもなく、周辺環境を整えることによって本人の潜在能力を引き出す「環境療法」です。

児童福祉に携わる児童相談所や児童自立支援施設の使命は、子ども自身が自己を変革しようとする決意を固めるまで、寄り添い励ましながら、粘り強く説得を続けることに尽きると、私は考えます。［12月号］

自分を変える

新年おめでとうございます。北海道家庭学校は創立百三年目を迎えました。

創立百周年記念事業の一環として開設準備を進めてきた自立援助ホームが暮れの二十日に落成し、元旦から熱田洋子理事を中心に「がんぼうホーム」という名称で事業を開始しています。家庭学校退所児童ばかりでなく、全道からの幅広い要請にお応えするつもりです。経済的・精神的な自立までもう一歩という男子児童がいましたら、是非ご相談ください。

さて、私は常々子ども達に「自分を変える」ことを求めています。「そのための場所が家庭学校なんだよ」と、繰り返し語りかけています。十二月四日の校長講話でもそのことに触れましたので、参考までに概要を記させていただきます。

＊＊＊

今日は「自分を変える」というお話をします。みんなの中で、初めから北海道家庭学校を目指して来た人はいないと思います。ほとんどの人は自分から来たくて来たわけではないと思う。児童相談所の先生や、家族の人などに説得されて、そして、最終的には自分で覚悟を決めて、家庭学校で頑張ってみようと思ってやってきたのだと思います。

その時の気持ちを今も覚えていますか。みんなは何をしに家庭学校に来たのでしょう。自分を変えようと思って家庭学校に来たのではなかったでしょうか。入所したときは自分なりの覚悟を持っていたと思います。明確な目標があったと思います。ところが、時間が経つにつれて、そのときの気持ちが薄れてきてしまっていないでしょうか。

みんなは、もう十分に、身に染みてわかっていると思うけれど、自分を変えるということはとっても難しいことです。大人だってなかなか生半可な気持ちではできません。自分を変えるということは、言い方を変えれば「成長する」ということです。だから、大人だって、六十歳を過ぎたこの私だって、本当は自分を変えていかないといけないんです。「もう自分はこれでいい、満足だ」と思ったら、そこで成長は止まってしまいます。人生は、何歳になっても、どんなに経験を積み重ねても、これで完成、ゴールということはありません。

むしろ十代の君達の方が、自分を変えていく力が強いんです。大きく変わっていく可能性が高い。難しい言葉で言うと、「可塑性がある」ということです。大人よりも子どもの方がずっと可塑性がある。だから可能性も大きいのです。

解剖学者の養老孟司さんという先生、知ってる人いるかな。白髪のおじさん、テレビとかで見たことないですか。脳の研究をしている東大名誉教授の先生です。今から十三年ほど前に『バカの壁』という本を書いた方で、その本は大ベストセラーになりました。その本の中で養老先生はこのようなことを言ってます。

「君達のような若い人の最大の弱点は、自分が変わることを受け入れずに、今の自分のままで世界を考えたがることです。毎日がつまらない人は、『このままでいい、世界はいつも同じだ』と決めつけている人なんです。どうせ世の中なんてこんなものだと、勝手に思っている。自分が変われば世界も変わることに気づいていない。」(養老孟司著『バカの壁』から引用‥以下同)

「人間というものは、結局自分の脳に入ることしか理解できない。学問が最終的に突き当たる壁は自分の脳である。意識は秩序的活動だから、予測してコントロールする。簡単にいえば『ああすればこうなる』と考えようとします。今現在の自分の意識が予測できる範囲でしか生きない。現代はそういう人たちが徹底的に増えた世界です。これをまさしく『バカの壁』と私は言うのです。」

「知りたくないことは自主的に情報を遮断し、耳を貸さないというのも『バカの壁』の一種（です。）」

みんなの中にそういう人いないかな。自分の考えに凝り固まって人の話を聞こうとしない、そういう人時々いるよね。

「眠っている場合じゃないですよ。すでに、すごく楽しい世の中を生きている人は本当にたくさんいるんです。勇気を出して、自らを変える第一歩を踏み出すことです。」

「どうしたら『バカの壁』は壊れるのか。自分が移動すればよいのです。自分が変われば、世界は突然変わります。世界を明るくするのは簡単です。自分を変えればよいのです。自分が変わった時、では世界はどういう風に変わるのか。それは変わってみなければ何ともわかりません。そこが面白い。だから、それを未来といい、希望というのです。」

みんなの中にも、先に結果を求めたがる人、いるよね。「今勉強したら、高校に受かるんですか」とか、「今日の夕作業を真面目にやったら、特別指導日課が終わるんですか」とかね。

「実際には変わっているのに変わらないと思っているだけの場合もある。自分にも子どもの時期があったが、今はすっかり白髪になっている。どこで変わったのか分からない。」

自分のことは意外とわからないものです。私も白髪ですが、毎日鏡で自分を見ているから逆に変化に気がつかない。久し振りに会った人に「随分白くなったね」と驚かれることがよくあります。

「細胞レベルで考えれば、そもそも肉体は一年もすれば九割以上変わっている。」

養老先生は解剖学者だから、このように医学の専門的なことも述べています。髪も、皮膚も、血液も、筋肉も、身体中の細胞の何もかもが、一年か二年で入れ替わってしまうと言うのです。去年の身体と今の身体は九割も違うそうです。

「鴨長明は『方丈記』で七百年も前に人も川と同じで変わっていくんだよと言っている。」

みんなは国語の授業で鴨長明の『方丈記』習ったかな。鴨長明は鎌倉時代の人で、『方丈記』は日本の中世文学の代表的な随筆です。出だしの文章が有名です。

「行く川のながれは絶えずして、しかも本の水にあらず。よどみに浮ぶうたかたは、かつ消えかつ結びて久しくとゞまることなし。世の中にある人とすみかと、またかくの如し。」（鴨長明著『方丈記』から引用）

釣り遠足のときに湧別川に行ったよね。川を見ていると、いつも同じ川が同じように流れているように見える。でも、流れている水は、どんどん下流に流れて行ってしまうし、上流から次から次と水が流れてくるから、実際には川の水は同じ水じゃない。世の中や人間も同じだと、鴨長明さんは七百年前に言っているんです。そのことを養老先生も引き合いに出して言ってるんだね。

ここまで、ちょっと難しかったかもしれませんが、みんな、大体わかったかな。簡単に言うと、自分を変えないで、自分の周囲に壁を作っていると、バカになりますよ、成長できませんよ、と言っているんだと私は理解しました。

自分を変えなければいけないのは、何も君達家庭学校の生徒だけではありません。世の中の人は大人も子供も誰もがみんな、一日一日の積み重ねの中で自分自身を変えていかなければならないのです。では、みんなの場合は、どこが違うのか。家庭学校にいる間は騒々しい世間から離れているので、雑音やいろんな邪魔が入らない。静かに自分を見つめ直すことができます。先生方に親身になって相談に乗ってもらえます。だから、自分を変えていくことがしやすいんです。そういう場所が家庭学校なんだね。

勇気を出して、自らを変える第一歩を踏み出すこと。そうすれば、未来と自分は変えられるんです。過去は変えられないし、他の人も簡単には変えられません。何度も何度も注意したり、忠告しても、なかなか聴いてくれないし、変わらないでしょう。イライラするときあるよね。けれども、未来と自分は勇気を持って自ら動き出せば、必ず変えられます。家庭学校に居る間中、「自分を変える」ということを念じ続けてほしい。このことを毎日繰り返して考えながら、退所の日まで大切に時間を過ごしてほしいと思います。自分を変えて、大きく成長して、新しい自分になって、家庭学校を巣立っていってほしいと、私は願っています。

今日は、「自分を変える」ということをお話ししました。終わります。

＊＊＊

引用が多くなってしまいましたが、校長講話の一端です。今年も家庭学校と子ども達のこと、

宜しくお願い致します。［1月号］

姿勢を正しくする

私事で恐縮ですが、新年早々一週間ほど腰から脚にかけて激痛に悩まされました。旧知の整形外科医を受診したところ、腰椎の椎間板ヘルニアとのことでした。

常日頃子ども達に「姿勢を正しくする」よう求めていましたが、自らを顧みて反省する点が多々あり、些か反面教師的ではありますが、この際恥を忍んで子ども達に語りかけることにしました。以下、一月十五日の校長講話からの抜粋です。

＊＊＊

今日は「姿勢を正しくする」というお話をします。

日曜礼拝や始業式、終業式などを始めるときに、先生から「姿勢を正しくしてください」と言われることがよくありますね。また、給食棟で「いただきます」、「ごちそうさま」をするときにも、週番の生徒から「姿勢を正しくしてください」の声がかかります。皆さんは「姿勢を正しくする」のは何のためなのかわかりますか。理由を考えたことありますか。

多分、礼儀やマナーや格好かなと、思いつく人もいると思います。だらしない格好をしていると周りの人に悪い印象を与えるかもしれないので、そうならないために「姿勢を正しくする」のではないかということは、大体考えられるよね。それから、「姿勢を正しくする」ことによって気持ちを引き締めることができて、号令をかけた人のほうに意識を集中できるということも考えられます。

そのほかに何か思いつく人はいませんか。「正しい姿勢」とか「良い姿勢」というのは、具体的にどんな姿勢なんだろうね。この絵を見てください。人が立っている姿勢の絵が並んでいます。横から見たときに、首の骨や背骨や腰の骨が、綺麗なS字カーブを描いているのが良い姿勢なんだね。猫背や、逆に反り返っていたり、S字が曲がりすぎてるのもいけないようです。どうして猫背などがいけないのか、みなさんわかりますか。もちろん、格好悪いということはあるよね。

実は私は子どもの頃から猫背の癖があって、若い頃は「別に格好なんて」と、あまり気にしてなかったのですが、大人になって周りの人から指摘されたりして、「格好悪いかな、貧相に見えるかな」と、少し気にするようになりました。

今ではかなり気にしていて、毎朝、自己流の体操をするときなどに鏡に映る姿を見ながら猫背を治す練習をしています。でも、子どもの頃から身についた長年の癖というのはなかなか治りません。

また私は、若い頃からデスクワークの仕事が多くて、深夜まで長時間椅子に座って机に向かっているような生活を、四十代くらいまでは続けてきました。椅子に座って同じ姿勢を続けていると、首や肩、背中、腰などが痛くなったりするので、書類に目を通すときや、パソコンの画面を見ながらキーボードを叩くときなどに、椅子に浅く腰掛けて、背中や腰を丸めて背もたれにもたれかかって座ることが癖になってしまいました。これも若い頃からの長年の癖、習慣なので、なかなか治りません。

さらにはこの三年間、札幌の自宅と遠軽の家庭学校を頻繁にクルマで往復しており、片道二百六十キロの距離を長時間同じ運転姿勢をとっていることで、去年の秋くらいからクルマから降りた後に時々腰の痛みを感じるようになりました。

さて、長年のこうした生活習慣や悪い姿勢の癖の結果どうなったか。猫背やだらしない椅子の座り方が、自分では身体を楽にするためにやっているつもりだったのですが、逆にそのことが首や腕や腰やお尻や脚にとんでもない痛みや痺れを発症させる結果を招いたのです。

この絵を見てください。ここが頸椎、首の骨のことで七個あります。それから胸椎、胸の骨のことで十二個あるようです。そして腰椎、腰の骨のことで、これは五個あることを、今回認識しました。

というのは、私は札幌にいたお正月の二日から、屈んだり、座ったり、立ち上がったりするときに、右腰と右臀部、お尻の横の方ですが、それと右脚の外側にものすごい痛みが出て、また、じっとしていても痺れや重だるい感じがして、それは大変な目に遭ったのです。

四日の日に何とかクルマで家庭学校に戻ってきましたが、右腰から右脚にかけての激痛の度合いがだんだん酷くなり、ズボンや靴を履くのにも痛みに耐えながら大層時間がかかる状況で、これはとてもたまらんと思って、翌五日に札幌に戻り、六日に整形外科を受診したのです。

その結果、腰椎の椎間板ヘルニアという病気であることがわかりました。この絵のとおり腰の骨の間には椎間板というものがあるのですが、私の場合、四番目と五番目の骨の間の椎間板が飛び出しており、それが神経を圧迫していたのです。

私は腰の椎間板ヘルニアは今回初めてだったのですが、実は首のほう、頸椎の椎間板ヘルニアは、今から十五年ほど前に発症したことがあります。今は何ともないのですが、何年か毎に首や肩や腕が痛んだり、痺れたりすることがあります。

この絵のように神経は脳からつながっていて、頸椎のところからは腕に、腰椎のところからは脚に信号が送られます。だから、頸椎に異常があると腕や肩が痛んだり痺れたり、腰椎に異常があると脚や腰の部分が痛んだり痺れたりするのです。神経が強く圧迫されると痛かったり痺れたりするばかりか、脚や腕に信号がうまく伝わらずに、手足が自由に動かなくなることもあるようです。

私の今回の腰から脚の痛み（座骨神経痛）は、薬と温湿布のおかげで一週間くらいで痛みが和らぎ、まだ右腰・右脚の鈍痛や痺れは残っていますが、何とか日常生活ができるようになり、再診後の十二日にクルマで遠軽に戻ってきました。

そうした首や腰の椎間板ヘルニアがどうして発症したのか。その原因はいろいろとあるようですが、大きな要因としては、猫背やだらしない椅子の座り方など、若い頃からの姿勢の悪さが根底にあるということは間違いなくあるようです。

私が六十代の今になって「姿勢を正しくする」ことを気にしている理由は、実はこうした頸椎や腰椎の病気になって痛みや痺れなどの症状が出たら大変だと、身に染みてわかったからです。今さら後悔しても遅いのですが、子どもの頃から、十代や二十代の若い頃から、立つ姿勢や座る姿勢に十分気を付けていたら、こうした病気にはならずに、酷い痛みや痺れを味わわずに済んだと思うのです。

今日、若いみんなに長々と首や腰の病気の話をしたのは、「姿勢を正しくする」ことが単なる格好やマナー、周りの人への心配りのためだけでなく、実は自分自身のためでもあるということを知ってもらいたかったからです。一見楽そうに見える猫背や背もたれにもたれかかるだらしない座り方は、実は重たい頭や胴体、脚などを支える身体・筋肉にとっては、逆に負担が大きいのです。

若い君達にとっては、椎間板ヘルニアなんて老人病みたいなものは関係ないよと思うかもしれません。でも、実は若い頃からの毎日の積み重ねが大事なんです。良い習慣を身につけて、いつも「姿勢を正しくする」ことを留意していれば、大人になってこういう病気になりません。このことはよく覚えていてください。

さて、もう一つ、関連した話をしたいと思います。給食棟での昼食の際に、栄養士の伊東先生が各寮のテーブルを回って、肘をつかないとか、背中を丸めないとか、日替わりでみんなのそばに座っていろいろと指導してくれたことがあったよね。覚えていますか。

その伊東先生が一昨年の作業班学習発表会のときに「食事のマナーを考える」というテーマで話をしてくれた内容が、今日の「姿勢を正しくする」という話に通ずるものがあるので、その一部を抜粋して読んでみます。聴いてください。

（略：概要は次項に掲載）

長い引用だったけど、とてもわかりやすい話だったでしょ。食事のときの正しい姿勢は、消化や健康、身体の成長にも大きく影響するんだね。

「姿勢を正しくする」ことは、身体の成長や病気の予防にもつながることで、自分自身のためにも非常に大事なんだということを、しっかりと覚えてください。

＊＊＊

以上、校長講話の一端です。今この原稿を書いていて、対句を思いつきました。
情けは人の為ならず
姿勢も人の為ならず
次の講話のときにでも、披露してみます。［2月号］

食事のマナーを考える（抄）

主任栄養士　伊東睦子

「姿勢を正してください」の後、お祈りがあり「いただきます」の挨拶はとても礼儀正しく行われているのに、いざ箸を取り食事を摂っている姿に違和感があるのです。背中を丸めて食べる、テーブルに肘をついて食べる、足を組む、椅子に足を絡める、食器を持たずに顔を近づけて食べる、片手が遊ぶ、よく噛まずに飲み込む、一品ずつ食べる等の光景が見て取れました。本人は気づくこともなく問題とも思っていないのでしょう。

食事時の姿勢は消化に大きく影響します。例えば、肘をついている姿勢はついている方だけ体が曲がったり、背中を丸めたり猫背の状態では、胃のあたりが丸くくぼんだり顎が前に出たりします。こうした姿勢は食べ物が胃までまっすぐ降りていくことができず、胃の上部で溜まりうまく消化できない状態で、胃炎の原因になります。

また、楽な姿勢を取ろうとしてお尻をずらして座ったり足を組む座り方は必要以上に体に負担がかかります。その結果、体の歪みにつながったり、消化不良の原因になります。食べても満腹感があまり感じられない要因の一つとして姿勢も関係しており、食べ過ぎから肥満へと移行することも踏まえ、姿勢から見直す必要があると言われています。

昼食は特に日課の合間で時間に余裕がないときもありますが、食事はよく噛んで食べることを意識してほしいと思います。脳から出される満腹感の信号はとても弱いものでリラックスした状態でないと得られないそうです。同様に、背中をまっすぐ伸ばし、肘をつかず、足をそろえて床につき、食器を手に持ち順番にバランスよく食べることで、消化・吸収力がアップし成長につながり、良いかみ合わせやボディバランスが保たれ、虫歯・歯周病予防やけがをしにくい体づくりができるのです。

給食棟のテーブルと椅子は一人一人の体格に合ったものではありませんので、多少の不具合は生じますが、食事のマナー（挨拶、姿勢、お箸の持ち方、使い方、食べる時の音、食事中の会話等）、振る舞いは、特に生徒達は家庭学校を卒業してからも日々の生活で繰り返すことなので、是非身に付けてほしい事柄の一つです。些細なことかもしれませんが、案外目につく行動で、人の評価にもつながります。日頃から意識付け、食事を共にする大人が手本となり助言していけたらと思います。

一緒に食事をする人同士がお互いに気持ち良く食事を囲むことが出来るように、そして、食事や食材を作ってくれた人に感謝の気持ちを込め、楽しい食事を摂っていただきたいものです。〔2月号付録〕

能《よ》く考える

校祖留岡幸助の命日に当たる二月五日の早朝はマイナス二十度の冷え込みでした。月命日恒例の平和山全校登山ですが、何しろ二月五日は祥月命日です。寒くても雪が深くても安直に本館や各寮舎から遙拝で済ますというわけにいきません。日曜日で分校の授業もなかったので、いつもの朝六時よりはゆっくり目の十時スタートとなり、その頃までには気温もだいぶ上昇していました。突き抜けるようなオホーツクブルーの快晴の空の下、強い陽射しを浴びながら雪路を登っていくうちに身体も徐々に温まっていきました。この日の登攀路は二日前のスキー滑降競技でコース整備した林道を使ったので、若干大回りの雪路ではありましたが歩きやすい行程でした。風もなく、空気も澄み、頂上付近からは遙か遠くまで見渡せる絶好の登山日和となりました。山頂の記念碑に刻まれた辞世の句

「眠るべきところはいづこ平和山　興突海《オコツクカイ》を前に眺めて」

にあるように、二十キロ先のオホーツク海の流氷がかすかにとはいえ白く光って見え、子どもも

大人も皆爽快感と満足感に包まれました。

以下、平和山山頂での校長講話の抜粋を記載させていただきます。

＊＊＊

今日二月五日は、百三年前に北海道家庭学校を創設された留岡幸助先生の命日です。命日というのは亡くなった日のことです。幸助先生は一九三四年（昭和九年）、今から八十三年前の今日二月五日にご自宅のある東京で亡くなられました。満七十歳でした。百三年前、八十三年前と数字を挙げましたが、その間がちょうど二十年ということで、幸助先生は五十歳の時に北海道家庭学校を開かれ、二十年後の七十歳で亡くなったということなんですね。いつも月命日の五日の日にはみんなでこの平和山に登っていますが、今日二月五日は祥月命日といって、亡くなった当月当日に当たります。

この記念碑は、幸助先生の威徳を偲んで、半年後の八月に建てられました。先生のお墓は東京にありますが、この記念碑の台座には先生の遺髪が納められています。これまでも何度かお話ししているので、覚えている人も多いと思いますが、この記念碑には幸助先生の辞世の句が刻まれています。

先生は自ら創設されたこの北海道家庭学校をこよなく愛され、中でも敷地の中心で広く家庭学校全体が見渡せるこの平和山山頂を特に好まれたようで、自分が死んだらこの平和山で眠りたいという思いを辞世の句として残されました。

興突海《オコツクカイ》とはオホーツク海のことで、幸助先生ご存命の頃には、この場所からオホーツク海がよく見えたようです。百年前の平和山はあまり高い木もなく、山頂が青草で覆われていて、丸みを帯びた穏やかな感じの山だったそうで、それで幸助先生は「平和山」という名前を付けられたのだということです。現在このように鬱蒼とした樹林に覆われているのは、この百年余りの間にみんなの先輩達、生徒や先生方など多くの先人が苦労を重ねながら一生懸命植樹して、その木がすくすく伸びたからです。だから今ではオホーツク海があまりよく見えなくなってしまったんだね。

さっき幸助先生は七十歳で亡くなったと言いましたが、七十歳のことを難しい言葉で何ていうか知ってる人いますか。「古稀」と言います。現在、鬼頭先生が住んでおられる本館前の住宅の玄関に、古めかしい縦長の銅板（表札のようなもの）が付いているのを見たことがありますか。何て書いてあるか知ってる人いるかな。「留岡幸助君古稀記念文庫」という文字が刻まれていいます。鬼頭先生のお宅は玄関から入って左側の部分で、反対側の右側は図書館になっています。右側の部分は大変古めかしいけれど、歴史を感じさせる立派な建物ですね。幸助先生は七十歳・古稀の年の二月に亡くなられましたが、その年の九月にこの図書館が完成・オープンしたので、先生の古稀を記念して「留岡幸助君古稀記念文庫」という名前が付けられたんですね。今度前を通るときによく見てみてください。

さて、ここまで登ってきて、みんな身体も温まって相当汗をかいたと思います。陽射しが強くてお天気は好いけれど、それでも今日はとっても寒いよね。あんまり長く話していると汗が冷えてしまって風邪を引いたら困るので、あともう一つだけお話しして終わることにします。

幸助先生が唱えられた大事な教えの一つに「三能主義」というものがあります。「能《よ》く働き・能《よ》く食べ・能《よ》く眠る」という三つの「能《よ》く」をまとめた言葉で、これについても時々お話ししているので覚えている人もいると思います。幸助先生の「三能主義」の精神は、創立以来百三年間、北海道家庭学校の確たる伝統としてしっかりと受け継がれてきました。皆さんは家庭学校での日々の暮らしの中で、規則正しく健康的で勤勉な生活態度を身に付けてきています。そのような生活の中で心身ともに大きく成長しています。そして来月には分校の卒業式も控えており、高校進学などのために多くの人が家庭学校を巣立っていきます。

今日私は皆さんに三つの「能《よ》く」に加えてもう一つの「能《よ》く」を提案したいと思います。それは「能《よ》く考える」です。自分の特性、性格や癖などをいつも意識して、どうしたら周りの人と仲良くでき、人の気持ちがわかるようになるか、そのことを毎日毎日「能《よ》く考えながら」生活してほしいと願っています。終わります。［3月号］

作業班学習発表の講評

十一月二十日・日曜の「収穫感謝礼拝」における「校長講話」として、直前に開催された「作業班学習発表会」での各発表についての講評を述べましたので、その一部を抜粋して記載します。

＊＊＊

北海道家庭学校はこれからのシーズン雪に閉ざされてしまうので、野菜や花を育てる屋外の作業は一段落したところです。そこで家庭学校では、毎年十一月の勤労感謝の日を前にしたこの時期に、一年間の収穫を感謝して、また、「作業班学習」を総まとめする形で、生徒全員、一人一人が別々のテーマで発表する「作業班学習発表会」というものを開催してきました。かつては「収穫感謝祭学習発表会」と呼んでいたので、会場の舞台上方に掲示される立派な「一文字」は、現在もそのまま使われています。

今年は第一日目の十六日に「蔬菜班」と「山林班」の発表が、また、第二日目の十七日には「園芸班」と「酪農班」と「校内管理班」の発表がありました。それに加えて先生方からも、主任栄養士の伊東先生、酪農班担当の榎本先生、蔬菜班で急遽欠席となったK君の代わりに寮長の水原先生が発表してくれたので、全部で二十四人の人の発表がありました。

それぞれ工夫を凝らした大変素晴らしい内容でした。私としても初めて知ることも多く、とても勉強になりました。また、堂々と自信に溢れた発表をしている君達の姿を見て、感動しました。さらには、今年の発表会では、生徒の皆さんからの質問が非常に多く、みんなの真剣さが伝わってきて、大変嬉しく思いました。

それでは、生徒の発表について、一人ずつ手短に講評したいと思います。

まず、「蔬菜班」のトップバッターはK君でした。「作業班『年表』」という題で、四月からの蔬菜班全体の作業の流れをまとめてくれました。月ごとにまとめた表に基づく詳しい説明だったので、具体的なイメージが浮かびました。また、蔬菜班の作業量を統計・分析して円グラフにまとめ、種まきや収穫などの蔬菜班らしい作業よりも、草刈り・草抜き等の地道な作業の方が多かったことがわかったとのことで、私も感心しました。とても良い研究発表だったと思います。

次に、Y君です。「今年育てた野菜」というテーマで、家庭学校では一年を通して多くの種類を作っていることから、それらを、実を食べる「果菜類」、葉を食べる「葉菜類」、根の部分を食べる「根菜類」、そして「豆類」の四つに分類して説明してくれました。「果菜類」が十二品種二十八種類、「葉菜類」が十四品種二十六種類、「根菜類」が六品種九種類、「豆類」が二品種八種類、全部で三十四品種七十一種類もの野菜を育てたということを聞いて、給食棟などでいただく自家製野菜の種類の豊富さを再認識しました。

結びの言葉で、「種まきや仮植、定植などやることがたくさんあって大変だったけど、やりがいがあって頑張りました。収穫したときは、とても嬉しくて、食べたらとても美味しかったです。自分達が食べて、おいしい、うれしいと思える事が一番大事だと、野菜を育ててみて思いました」という君の感想が聞けて、私も大変嬉しく思いました。

次に、Y君です。「有機栽培について」というテーマで発表してくれました。入所後まだ三カ月の新入生期間で、実践の経験が少ないことから、家庭学校で行っている有機無農薬栽培について、中卒生らしく深く掘り下げた研究をして、よくまとめていました。落ち着いてよく通る声での発表だったので、とても聞きやすかったです。

有機栽培は手間暇が掛かり苦労も多いのだけれど、味が良く、安全性が高く、抗酸化物質を多く作るので老化防止にも役立つことなどを、君の発表で再認識しました。デメリットとして、形が不揃いなものが多かったことを挙げ、「でも給食棟や寮で料理に使ってくれてありがたかった、好き嫌いせず感謝して食べたい」とのY君の感想が聞かれ、私も嬉しく思いました。

次に、Y君は「栄養成分の多い野菜ベスト5」というテーマで発表してくれました。家庭学校で栽培する野菜の中から、カロテンやビタミンB6などいろいろな栄養成分に着目して、一位シソ、二位パセリ、三位ホウレンソウ、四位ブロッコリー、五位春菊と結論づけていましたが、その説明は、なかなか説得力があるものでした。「パセリは嫌いなのだけれど、栄養が豊富なことがわかったので、頑張って食べたい」という感想も良かったです。

次に、最年少の四年生のO君は、「たまねぎについて」というテーマで発表してくれました。タマネギの歴史や、北海道を代表する野菜で全国の六割を作っていることなどを説明し、よく研究していると感心しました。君が出した、タマネギの食べている部分が、「根」か「茎」か「葉」かというクイズの答が、「葉」であることは、私はわかりませんでした。O君に「葉の根元の脹らんだ部分を食べている」と教えられ、勉強になりました。

蔬菜班の最後に、発表準備の途中で病院に入院したために発表できなかったK君の代わりに、K君が作った資料を基に水原先生が発表してくれました。「肥料」がテーマでしたが、とてもよく調べているなと、感心しました。

次に、山林班ですが、一番手はR君でした。「山林班の年間作業内容」、「山林班の存在理由」、そして「山林班の歴史」と、三つのテーマで発表してくれました。強風であちこちで大木が倒れて危険なので、倒木や枯れ木の整理が重要な業務であることがわかりました。平和山登山道の整備、東京五輪記念の展示林の間伐なども行ったようですね。

寮のお風呂は今でも薪で沸かしていますが、創立当時の家庭学校では暖房も炊事もお風呂も全て薪を使っていたので、山林班は本当に必要不可欠の存在だったことも再認識したようですね。実際に使う高枝切りノコギリも見せてくれました。君は背が高いので、相当高いところまで届きそうですね。

次に、S君は「林道整備」をテーマに発表してくれました。①草刈り・草集めと、②倒木処理、③大雨による土砂運び（土砂が流れた後の整備ですね）、④大雨による排水（土砂が流れないようにスコップで水の流れを変えることですね）の四点を中心に発表してくれました。

結びの言葉で、「三学期は伐採作業が多くなると思うので頑張りたい」という決意表明があり、嬉しく思いました。その意気込みに大いに期待します。

次に、H君です。まだ新入生なので、どのような発表になるだろうと思っていましたが、山林班が実際に使っている道具を皆に見せながらの大変面白い発表でした。ナタ、ノコギリ（大きな山ノコや、ゴムボーイという小さな折りたたみのもの）、それから、皮むき器、ガンタ（丸太を挟んで反転させたりして動かす道具なんですね）、チンチョ（これも丸太を挟む道具ですね）など初めて見るものもありました。そのほかクサビ、カマ、チェーンソー、ヘルメットなども皆に見せながら説明してくれて、印象に残る発表になりました。

次に、園芸班です。一番手はT君で、「園芸班活動報告」という題でした。四月から順を追って月毎に具体的に詳しく説明してくれ、わかりやすい発表でした。

それと、花を作る目的として、①校内を美しくする、②ここに住む自分達が心を和ませ、気持ち良く生活する、③家庭学校を訪れてくれる人たちが気持ち良く見学してくださる、④自分達が誇りを持つ、⑤豊かな感情醸成ということで、五項目挙げていたのも大変印象的でした。

次に、H君です。「花の種類」というテーマで、きれいな写真をたくさん使って、サルビア、マリーゴールド、コリウス、キンギョソウ、ペチュニア、インパチェンス、アゲラタム、ジニア、コスモス、貝殻草、アスターの、合計十一種類の花の特徴をわかりやすく説明してくれ、私も大変勉強になりました。

本館の裏庭に望の岡分校の神谷教頭先生が丹精していたメランホロジウムという綺麗な花を、来年は園芸班でも植えてみたいと言っていたので、楽しみにしています。家庭学校に来てたくさんの花に親しむことができて本当に良かったと思います。

次に、R君です。「土作り」をテーマに発表してくれました。花は成長の段階によって使う土が違うとのことで、①播種用の土、②仮植用の土、③定植用の土と、順番に土を変えることが、君の発表で初めてわかりました。

また、家庭学校で冬の間によく行っている土焼きについても説明してくれました。除草のためや病気の予防のために行っているとのことで、来年は今年より綺麗な花が咲いてほしいので、そのためにこれからの土焼き作業を頑張りたいという決意表明を頼もしく聴きました。

次に、K君です。「家庭学校花壇について」というテーマで発表してくれました。四月からの花壇造りの作業の中で気を付けたこととして、①長期間肥料切れのないような土を作って定植する、②花の開花時期が一緒になるよう播種期を考える、③作る場所の気候に適したものとする、④長期間咲き続ける、⑤花色が鮮やかで株がまとまって咲く、⑥花の種類で高さが不揃いにならないようにするという、大変専門性の高い内容のことを説明してくれました。結びの言葉で「来年も花の気持ちを考えて植えてほしいです」とありました。「花の気持ちを考えて」は良い表現ですね。中卒生の君は来年はもういないと思うので、後輩たちに引き継ぐ言葉としてとても良い言葉を残してくれたと思います。

次に、S君です。入所して間もないので、園芸班の活動をほとんど体験していませんが、資料を調べたり周りの人から聞いたりして「花の活用について」というテーマをよくまとめていました。プランターの花を理髪ボランティアの月曜会の皆さんや病院や警察署などにプレゼントしたことや、遠軽町の太陽の丘公園に花の苗を植えたこと、慰霊祭で祭壇に飾ったこと、お墓参り用の花束を作ったことなど、私としても改めて思い起こされました。

手が足りずに校門付近の大花壇の草が伸びていたときに、留岡地区の自治会長の関根さんが草取りをしてくださったことを私も大変有り難く思っていましたが、そのことに対して、お礼にパンジーをプレゼントしてくれたことも、今日の君の発表で初めて知りました。とても良かったなと思ったところです。これからの活動、頑張ってください。

次は酪農班です。一番手はS君で「放牧地について」と「電牧線について」の二つのテーマで発表してくれました。①大根山（最も広いんですね）、②牛舎上、③旧平和寮前、それと、今年になって新たに作った④神社山の四つの放牧地について、広さや特徴などを整理してまとめてくれたので、私もそうですが、家庭学校の全員にとって、とてもわかりやすい興味深い内容だったと思います。

来校者の方や我々が間近に見られる神社山の新たな放牧地については、私もとっても良かったと思っています。十月三十日に来校された高橋知事さんも車窓から間近に牛を見られて大変喜んでおられました。

その神社山を放牧地にする際に新たに電牧線を張り巡らせたのですが、電牧線造りの工程などをわかりやすく説明してくれたのも大変良かったと思います。

次は、もう一人の四年生、R君です。「牛の世話について」というテーマで発表してくれました。まず、①エサやりについてです。四つの放牧地でお腹いっぱい草を食べるとのことですが、私は去年の発表会で、牛たちが夏の間は夜も放牧地で過ごしていることを初めて知って驚いたのですが、今日のR君の発表で、牛は何と二十二時間も外に居て、朝と夕方の搾乳の時に一時間ずつ牛舎に戻っていることがわかり、大変勉強になりました。

除角や生育検査のことも詳しく説明してくれて、よくわかりました。R君の楽しかった作業のベストスリーが、①エサやり、②放牧地への誘導、③ブラッシングであるとのことで、大きな牛を怖がらずに愛情込めて世話をしていることがわかり、大変嬉しく思いました。

次は、K君で、「牛の資料（草）について」というテーマで発表してくれました。オーチャードグラス、クローバー、チモシー、ペレニアルライグラスなどの草の名前とその特徴、牧草地毎に占める割合などを説明してくれて、大変興味深い内容でした。

それから、今年新たに導入したロールベーラーのことも説明してくれました。今まで全校作業で忙しく牧草の梱包作業をしてもらっていましたが、牧草ロールを機械で作ることができるようになり、私としても大変良かったと思っていました。今回の発表で家庭学校のみんなに紹介してくれて嬉しく思います。

最後に、校内管理班です。一番手はY君で「掃除、整理、電柱直し等」というテーマでの発表でした。校内管理班は何でも屋のような感じで、他の作業班や家庭学校内の人から頼まれたりして、いろいろな作業があるようですね。

旧鶏舎や木工教室の整理、電柱の腐った部分を取り替えるなど、本当に実践的な作業が多いと思いました。ノー原稿で資料を説明する独特のスタイルで、なかなかのものだと思いました。

次は、K君で、「園芸班の土置き場の壁直し」というテーマで発表してくれました。園芸班に頼まれた重要な作業を、作業工程を具体的に説明しながらのわかりやすい発表でした。また、作業道具を実際に見せながら紹介していたのも大変良かったと思います。

この作業は、まだ完了していないようなので、これからも粘り強く頑張ってください。

次に、T君です。「旧選卵場屋根修理」というタイトルで、旧鶏舎（鶏小屋）の向かいにある小屋の屋根を、本格的な大工さんのような作業をしたことの発表でした。作業内容、工程をとてもよく理解していて、わかりやすい発表でした。

感想として、「自分の技術が足りなくて大変だった、これを平然と昔の人はやっていたと思うと、とても尊敬するし、すごいと思った」と謙遜気味に言っていましたが、今の君達もなかなかのものだと思いました。

質問に答える形で、「家庭学校で体力、根気、そして働く習慣が身についた。卒業した後も、動かないと落ち着かないというのは残ると思う」という発言があり、それを聴いて私としても大変嬉しく、頼もしく思いました。

最後は、T君です。「味噌造り」をテーマに大変詳しく面白い発表をしてくれました。校内管理班には本当に多種多様な作業がありますが、T君は味噌造りが大変な面もあったけれど、一番楽しい作業だったということでした。今年造った味噌を美味しく食べられるのは二年か三年後とのことで、君は「美味しくできているはずなので、味わって食べてくれたら嬉しいです」と後輩への思いを述べてくれました。

お終いに、古い味噌で作った味噌汁と比較的新しい味噌で作った味噌汁を二種類のカップで配って皆に味見してもらうという趣向で会場中が盛り上がり、とても良かったと思います。

以上で、生徒の皆さんの発表に対する講評を終わります。「作業班学習発表会」の閉会式でもお話ししましたが、こうやってみんなで協力し合って家庭学校を暮らしやすくし、皆の作業の積み重ねが家庭学校を支えているのだと思います。そして世の中もそのようにして成り立っているのだと思います。それぞれ一人一人の仕事や役割が社会を支えているのだと思います。家庭学校でそうした力を身に付けて、自信を持って社会に巣立っていってほしいと願っています。［収獲感謝特集号］

4

平成 29 年度
(2017 年度)

雪像コンクール・楽山寮前

四能主義

望の岡分校の卒業証書授与式が春分の日の三月二十日に行われました。小学六年生二名と中学三年生六名の計八名の卒業を生徒と先生方全員で祝福しました。卒業生の家族の皆さんや、児童相談所の担当者、原籍校の先生方なども全道各地から駆けつけてくださいました。さらには、遠軽町など地域の皆様にも参列していただき、厳粛な中にも心暖まる素晴らしい卒業証書授与式となりました。

分校長のお一人である東小学校の佐々木浩二校長が式辞を述べられ、家庭学校長の私は来賓祝辞を担当しました。家庭学校の体育館の舞台に、毎年私が来賓として登壇するのは些か面映ゆい感じもするのですが、望の岡分校の先生方への感謝の気持ちも込めて祝辞を述べさせていただきました。参考までに私の祝辞を掲載させていただきます。

＊＊＊

小学校課程と中学校課程を修了した八人の皆さん、卒業おめでとう。皆さんはそれぞれの事情があって家庭学校にやってきました。今日まで、望の岡分校の先生方から一人ひとり丁寧に教えていただいて、勉強にもだいぶ自信が持てるようになったと思います。楽しく充実した学校生活を送って、今日、晴れの卒業式を迎えることができました。家庭学校の仲間、生徒も先生方も全員が君たちの卒業を祝福しています。

今日は、家族の方にも児童相談所の先生方にも卒業式に参列していただきました。ご来賓の皆さんにも、君達の卒業をお祝いしていただいています。

さらには、先ほど故郷の学校の先生から君達一人ひとりに卒業証書を授与していただきました。たった一人の生徒のために、お忙しい中、遠くから駆けつけてくださいました。本当に有り難いことだと思います。これまで心配をおかけしてきた家族の皆さんや先生方に、君たちの立派に成長した姿を見ていただけて、私としても大変嬉しく思っています。

卒業生の皆さんは、今日の卒業式をお祝いしてくださった多くの方々の温かな気持ちをしっかりと受け止めてください。今日の日の喜びと感謝の気持ちをいつまでも忘れないでください。

保護者の皆さんにも、一言お祝いを申し上げます。ご子息のご卒業おめでとうございます。大事な子どもさんと遠く離れて暮らすということで、辛い思い、寂しい思いもたくさんされたことと思います。それだけに今日の喜びは一入《ひとしお》のことでしょう。子どもさんは、一歩ずつ着実に成長しています。ただし、まだ発展途上の段階です。引き続き温かく見守っていただいて、子どもさんと力を合わせて、心を通わせて、明るい家庭を築いていかれることを念願しております。

望の岡分校の先生方にも、改めてお礼を申し上げます。家庭学校とガッチリとスクラムを組んでいただき、流汗悟道、with の精神のもとに、子ども達一人ひとりの特性に合わせて寄り添い励ます素晴らしい教育を展開していただきました。心より感謝を申し上げます。

最後に、生徒の皆さん全員にお話をします。君達は家庭学校で校祖・留岡幸助先生が唱えられた「能《よ》く働き、能《よ》く食べ、能《よ》く眠る」という「三能主義」の教えを基に、勤勉で規則正しく健康的な生活を送り、身につけてきました。私はそれに加えて、もう一つ、先月平和山の山頂でもお話ししましたが、「能《よ》く考える」ということを提唱したいと思います。自分の特性、性格や癖などをいつも意識して、どうしたら周りの人と仲良くできるか、人の気持ちがわかるようになるか、今までのような失敗をしないで済むか、そのことを家庭学校にいる間も、社会に出てからも、毎日毎日「能《よ》く考えながら」生活し、自分の力を十分に発揮してほしいと願っています。

今日から、またそれぞれの道で頑張っていきましょう。終わります。

＊＊＊

卒業証書授与式はあくまでも中学校と小学校の課程を修了した区切りとして行われるもので、家庭学校入所歴の浅い児童などについては即退所に結びつくというものではありません。ただし、中学卒業、高校進学という大きな節目でもあるので、卒業証書授与式後に巣立っていく生徒も多く、年度当初の在籍数は十五名まで減少し、少し寂しくなっています。

さて、先月号でも触れましたが、校祖留岡幸助が唱えた大事な教えの一つに「三能主義」があります。「能《よ》く働き、能《よ》く食べ、能《よ》く眠る」という三つの「能《よ》く」をまとめた言葉で、校祖はこれを称して「感化教育の真諦」と述べています。

私は最近、この三つの「能《よ》く」に加えて、今の時代にはもう一つ、「能《よ》く考える』ということが大事である」と子ども達に語りかけています。近年、家庭学校の子ども達の多くが脳の器質に原因のある「発達障害」を有しているか、あるいは被虐待経験のために「愛着障害」となっています。中には両方重なっている場合もあるでしょう。

場の空気が読めず対人関係が苦手な自閉症スペクトラム症や、落ち着きがなく注意力散漫なADHDなどの「発達障害」の人にとっては、効率性を優先し、厳格な成果主義で管理される今日の社会は生きにくいものになっていると思われます。一昔前だったら、多少仕事の能率が悪かったり、会話が苦手だったりする人でも、手作業や農作業などの場でそれなりに活躍できたものが、今はそのような場がほとんどないからです。

現代社会に適合して将来自立した生活を送っていくためには、自分の障害特性、性格や癖などをいつも意識して、どうしたら周りの人と仲良くでき、人の気持ちがわかるようになるか、そのことを毎日毎日「能《よ》く考えながら」生活することが肝要だと思います。新世紀の家庭学校は、「三能主義」プラスワンの「四能主義」かなと、最近私は考えています。

ここで校祖留岡幸助の「三能主義」の原典に当たってみたいと思います。大正四年（一九一五年）発行の機関誌『人道』一二三号に掲載された「三能主義」という文章を一部抜粋してご紹介

します。［4月号］

「『三能主義』

吾人が多年実験し来りたる感化教育は、少年をして能く働かしむると共に、能く食はせ、而して亦能く眠らしむるにありき。この三要件は常に少年を教育するに於て必要なるのみならず、凡ての人類を教育するに於ても亦誠に必要欠く可からざるものなり。吾人はこの三事を称して基礎的教育と云はんとす。家屋を建築するには先づ礎《いしずえ》を据へざる可からず。其如く人の子を教育するに於ても又礎なかるべからず。抑も礎とは吾人の既に述べたる勤労、飲食、睡眠の三事なりき。吾人は之を称して感化教育の三能主義となす。（中略）

第一　勤労　何故に彼等少年をして勤労せしむるかと云ふに、彼等は概して怠惰放逸に日を送り時を移すを以て其常となす。（中略）凡そ人をして有用の器たらしむるは人の為め、世の為めになる仕事を教ふるにあり。有益なる仕事なくんば、有益なる人たる能はず。（中略）

第二　飲食　人生の悲惨を一にして足らずと雖も、生命ありて食するものなき程悲惨なるはなく、食あるも胃嚢を充たすに足らざる程悲惨なるはなし。是を以て聖人の教を立つるや、食を以て生存の根底となす。「王者は民を以て天となし、民は食を以て天と

なす」と。（中略）
能く勤労かしめて後食せしむること、感化教育の妙諦と謂ふべし。（中略）
第三　睡眠　睡眠の活動に欠く可からざるは之を天然の状態に考察するも明かならん。（中略）四季を区別すれば自然は春夏秋に勤労きし、冬季に於て眠れるなり。その眠るや、やがて来ん春に於ける活動の下準備にして、この眠りなければ春の活動は望む可からざるなり。人も又天地と同じく活動を望まば豊かに眠らざるべからず。（中略）
吾人は従来人生の三福を唱道し来りたるものなるが、その三福とは、勤労、飲食、睡眠を適度にすることとなり。能く働き、能く食らい、能く眠らするは感化教育の真諦にして、この三者を習ひ性とならしむるに於て少年は感化せらるべく、性情は矯正せらるゝなり。
吾人之を称して感化事業の三能主義と云ふ。三能主義たる単に少年感化にのみ必要と云はず、苟も人たるものの吾人の所謂勤労、飲食、睡眠を能くするに至らば、人生の幸福之に如くものなけんを信ず。適々感ずる所ありて此の文を草す。」（大正四年（一九一五年）発行の『人道』一一三号から引用）

新年度がスタートしました

北海道家庭学校の平成二十九年度は、入所児童数十五名という少ない人数からのスタートとなりました。例年三月は、中学卒業、高校進学、学年進級などの節目の時期なので、それに合わせて退所ラッシュとなります。今年も十一名もの児童が一気に退所し、それぞれ家庭や児童養護施設、自立援助ホームなどに向けて巣立って行きました。そのことが児童数減少の一つの要因です。加えて、寮体制の縮小も影響しています。近年は、石上館、掬泉寮、楽山寮、向陽寮の四寮体制が定着していましたが、今年度当初は二寮になってしまいました。まず、高校生専用寮として二十年近く稼動してきた向陽寮ですが、今年一月に遠軽高校のそばにオープンした自立援助ホーム「がんぼうホーム」に役割を引き継ぎ、寮担当者も寮生もまとめて移って行ったので、現在空き家状態です。

さらにもう一寮、一般寮として稼動してきた石上館ですが、前年度の半ばに寮担当夫婦から年度いっぱいでの退職意向が示されたことから、爾後石上館への新入生入寮を控えてきました。年度末に寮生がゼロとなり、四月は休寮としました。

そのようなことから、新年度のスタートは残る掬泉寮と楽山寮の二寮に児童が十五人という寂しい状況で、北海道家庭学校の百年余りの歴史の中で児童数が最も少ない状況に陥ってしまいました。

家庭学校の伝統である「小舎夫婦制」の寮を担う夫婦職員、そして本館業務を担う単身職員については、日頃から人材発掘と獲得に努めているのですが、適任者が見つからず苦労しています。時には志願者も現れるのですが、他の公立施設に比べて就労条件が厳しいように感じられるのか、はたまた北の辺境の立地条件や寒冷な自然環境などの印象からなのか、なかなか採用に至りません。また、無理して採用しても、力不足や適性の問題などから長続きしない場合も多く、勢い業務を縮小せざるを得ません。

そうは言っても、いつまでも二寮で凌いでいくわけにもいきません。このままでは道内九カ所の児童相談所からの要請に十分に応えられないからです。それで、四月いっぱい休んでいた石上館を五月から復活させて、一般寮を三寮体制に戻すことにしました。

「小舎夫婦制」の伝統を重んじてきた家庭学校ではありますが、ない袖は振れません。幸いなことに現在の石上館は、一昨年の全面改築の際に児童の居住スペースを挟むように両側に寮長家族の住居と単身者用の住居を造作していたので、この二つの住居部分に二人の男性職員に住み込んでもらうことにしました。加えて朝晩の寮調理を担う通いのパート調理員も確保しました。寮長には、経験豊富な鬼頭主幹に無理を言って一肌脱いでもらうことにしました。その補佐役の副寮長には、ニューフェイスの前谷児童生活指導員に早速寮担当としての実践経験を積んでもらうことにしました。

あくまでも次の寮担当夫婦が見つかるまでの経過措置です。「夫婦制」を一時的に中断することになりましたが、なんとか「小舎制」の寮を再開できたので、校長としては安堵しています。石上館は五月一日に新入生を迎え、転寮生一名と合わせて二名からスタートしています。

このような家庭学校の現況ですが、私としては決して諦めてもいませんし、焦っているわけでもありません。古くは感化教育、今は児童自立支援と称する我々の仕事は、苦労が多いことも確かですが、大変素晴らしい仕事です。問題を抱えた子ども達が日に日に笑顔と元気を取り戻し、自己を変革しながら逞しく成長していく姿を間近に見られる充実した楽しい仕事だと思っています。こんなにやりがいのある仕事はないと、楽山寮と掬泉寮の若いカップルも、新しい石上館スタッフも、そして多くの本館職員も皆思っているはずです。全国にはこの崇高な仕事を流汗悟道の精神の基に北海道家庭学校の豊かな「再生の森」で私達と共に汗してくれる人材（夫婦、単身者を問わず）が必ずいるはずで、いつか志のある人に来ていただけると思っています。

家庭学校職員の採用基準は、資格や経歴よりも、私はむしろ人物本意と考えています。人柄や意気込みこそが大事です。志のある方、適任の方がおられましたら、自薦他薦は問いません。ご一報願います。

これからもこの機関誌『ひとむれ』や公式ウェブサイト『家庭学校へようこそ』などを通じて

全国に向けて情報を発信しながら、引き続き粘り強く人材発掘と獲得に努めていくつもりです。

現在、百年史編集委員会（二井仁美委員長）のご協力をいただきながら、『家庭学校へようこそ〈北海道家庭学校公式ガイドブック〉』（仮称）の出版に向けて準備を進めています。その本の表紙や口絵を飾る当校の広大な敷地の鳥瞰図（実写版）を撮影するために、このほど最新鋭のドローンを購入し、飛行実験しているところです。五月の校長杯を皮切りに動画や静止画を空撮し、今後ウェブサイトなどでもご覧いただくつもりです。［5月号］

いっぱいいっぱい

オホーツク地方の五月は、今年もまた寒暖の差が激しい気象状況です。私は今、二十一日・日曜日の校長講話を終えたところで、独り校長室でこの文章を書いています。先ほどから日が陰ってきて、室内はだいぶ肌寒くなってきました。暖房を点けるか迷っているところです。

午前中は陽射しが強くて、先ほど礼拝堂から本館まで楽山寮の生徒達と戻ってきたときは、汗ばむような陽気でした。道中蝉時雨が聞こえ、「エゾハルセミが今年初登場だね」などと談笑しました。千葉寮長が子ども達に「誰かカッコーの声を聴いた人はいないかい」と尋ねていました。

校長杯　ソフトボール

毎年カッコーが鳴くと枝豆用の大豆を蒔くのだそうです。

三日・四日の校長杯（球技大会）のときも、九日の花見の会のときも、オホーツクブルーの素晴らしい空の下、暑過ぎるくらいの陽気でした。今年の花見の会は桜の満開とどんぴしゃのタイミングで、時々突風が吹いて担当者が苦労したようですが、大変盛り上がりました。私としては、四度目の春にして初めて花見らしい花見を体験することができました。

新学年・新学期のスタートから一月余りが経過しました。五月の大型連休も終わり（と言っても、家庭学校には連休などありませんが）、一般社会では五月病を心配する時期になりました。家庭学校の子ども達の中にも、体調を崩したり、心理的に不安定になったりして、不調や不満を訴えてくる生徒が増えてきたので、五月の校長講話では、そのことに関しての私の思いを話しました。

以下、校長講話の概要です。タイトルは「いっぱい

いっぱい」と付けました。

＊＊＊

お早うございます。五月に入ってから寒暖の差が激しくなりました。最高気温が三十度になる日もあれば、一桁台の日もあります。オホーツク地方の五月は毎年こういう天気になるようです。

三年前のこの時期に、私は秋田で開催された全国施設長会議に出かけたのですが、そのとき、全国の五十八施設の中で最も北にある最も寒い所から来ましたと挨拶したら、みんなに笑われたことを覚えています。その日のニュースで、遠軽が全国で最も高い気温を記録したことが報道されていたからです。

この地域は冬には全国で一番寒くなることもあれば、春のこの時期にはフェーン現象などで全国で一番暑くなることもあるんですね。この厳しい自然環境が私達の成長のために最も適しているとの考えから、百三年前に留岡幸助先生がこの地に家庭学校を開かれたんですね。

ところで、皆さんは「熱中症」という言葉を聞いたことがありますか。昔は「日射病」とか「熱射病」と言っていましたが、それらも含めて今は「熱中症」というのが正式な病名・名称のようです。「熱中症」の「熱中」は、「熱の中」と書くんだけど、「あつーい熱の中にいる」という意味ではなくて、もちろん夢中になって何かをするという意味の「熱中」でもなくて、「熱に中《あた》る」という意味だそうです。「中」という字が「あたる」という意味で使われることが結構あるんですね。「命中」とか「的中」とか「脳卒中」なんていう言葉がありますが、そのときの「中」は「あたる」という意味なんですね。

昨日に続き今日も朝からかなり暑いけれど、五月になってから急激に気温が上昇することが結構ありますね。校長杯のときなどは気温が三十度近くまで上がって、陽射しが強くて大変でした。みんなは外で作業や運動をするときには帽子をかぶったりして気をつけていますね。ただ、「熱中症」は必ずしも太陽に当たらなくても、室内でも気温や湿度が高いときにかかりやすいそうなので、十分気をつけてください。特に激しい運動をするときには、身体の中でたくさん熱が作られるので、要注意だそうです。

時々見かけますが、暑くなっても制服や長袖のジャージを着たままで頑張っている人がいるけれど、あんまり我慢しないで、状況に応じて上着を脱いだり着たりできるようになってください。普段から自分で小まめに体温調節する習慣を身に付けてほしいと思います。

さて、ここからが今日の本題です。「いっぱいいっぱい」という話をします。何だろうなと思う人がいるかもしれません。「お腹いっぱい」の「いっぱい」ではなく、「精一杯」の「いっぱい」です。みんなの中で、毎日の生活、学習、作業、それから人間関係などが苦しくて、「もう、いっぱいいっぱいだ」と感じている人はいませんか。自分は要領が悪いから、我慢強くないから、もうこれ以上頑張れない、限界だ、いっぱいいっぱいだ……と感じながら、毎日、それこそ孤軍奮闘している人はいませんか。

そういうふうに感じている人に対して、私は今日お話ししたいのです。「いっぱいいいっぱいなのは、君だけじゃないんだよ」と。「一生懸命、真面目に、誠実に仕事や勉強に取り組んでいる人は、みんないっぱいいいっぱいなんだよ」ということを。

大人の人達、先生方の中にも、毎日そのように感じながら生活し、仕事に取り組んでおられる方が、きっと大勢いらっしゃると思います。実は、私も、いっぱいいいっぱいなんです。もっとみんなの力になりたい、校長らしくしなければ、少しは世の中のためになる仕事をしなければ、などと思っているのですが、なかなか思ったとおりにいきません。もっと頑張らねばと、反省の日々です。いっぱいいいっぱいだなと感じることが、よくあります。

「でも、校長先生のいっぱいいっぱいと、僕達生徒のいっぱいいっぱいとではレベルが違うでしょう。僕達の場合は、本当にいっぱいいいっぱいなんです」と言う人がいるかもしれません。そのように思うのは、君達の方が大人の私よりも誠実だというだけのことなのです。

私は皆さんより四十年以上長く生きているので（小学生と比べたら五十年以上ですね）、多少は要領も身に付け、厚かましくもなっています。それでいっぱいいいっぱいに見せないようにしているだけなのです。

家庭学校の生徒だけがいっぱいいいっぱいなのではありません。子どもであっても大人であっても、毎日一生懸命、力いっぱい、真面目に、誠実に生きている人は、皆いっぱいいっぱいのはずです。逆にそういう人こそ、いっぱいいっぱいになるものなのです。のんびり、緊張感もなく、自分をよく顧みないで、ただ流されている人は、決していっぱいいっぱいにはなりません。成長もありません。

だから、いっぱいいっぱいだと感じていることは、決して恥ずかしいことではありません。誠実に頑張っている証拠なのです。胸を張って、これからもいっぱいいっぱいに生きてほしいと思います。

特に君達は、自分を変革して、大きく成長するために家庭学校に来たのだから、そして今せっかく家庭学校で暮らしているのだから、のんびりなどしている暇はありません。積極的に「いっぱいいっぱい」の生活をしてください。そのことを自分自身で常に心がけてください。

さて、そうしたときに気をつけることですが、泣き言は言わないこと、弱音は吐かないことです。時々「もう、ムリっす」とか言って、挫けてしまっている人を見かけます。嫌いな科目の授業に出たくないときや、陽射しが強くて暑いので作業に出たくないときなどに、先生に泣き言を言ってくる人、いないかな。「頭が痛いです」とか、「誰々君に腹が立ちます」とか、いろいろな理由を付けてその場から逃げ出そうとしたり、休もうとすること、ありませんか。でも、そういうのは、本当のいっぱいいっぱいとは言いません。弱い気持ちに負けて、自分を甘やかしているだけです。

では、本当にいっぱいいっぱいのとき、本当に苦しいとき、悩んでいるときにはどうしたらいいか。そういうときは、独りで悩みを抱え込んでいないで、先生方に相談してください。家庭学校の先生方は君達の悩みを真正面から受け止めて、支えてくれます。きっと力になってくれます。励ましてくれるはずです。そういう場所が家庭学校なんだからね。

ここに掲げられている『難有』の額、覚えているね。人間は困難なことを乗り越えて成長していくものなのです。さあ、今日からまた精一杯、ベストを尽くして、「いっぱいいっぱい」になって頑張っていきましょう。今日の話を終わります。［6月号］

※注＝本稿の中には、十年ほど前に感銘を受けてノートにメモしていた『週刊新潮』連載の数学者・藤原正彦さんのコラムの文章を参考にして記述したものが含まれています。

「大運動会」と「お金の話」

オホーツク地方の六月は、今年は雨模様の肌寒い天気が続きました。五月よりも寒いくらいでした。六月には遠軽町内の小中学校各校で毎週末運動会が開催されましたが、どこの学校も雨に降られ肌寒い中での運動会だったようです。

ところが、十八日の「家庭学校・望の岡分校大運動会」はピーカンの天気。オホーツクブルーの空と強い陽射しに恵まれた絶好の運動会日和となりました。望の岡分校の両校長先生からは、ご自身の本校の運動会より遙かに天気に恵まれたことから羨ましがられました。ウチの子ども達は、普段の行いが良いんですね……。

「大運動会」の呼称は八十五人の生徒がいた当時の名残で、今年の出場選手はたったの十五名、看板が大き過ぎる気もしました。ただ、ご家族の皆さん、ご来賓の皆さん、児童相談所や原籍校の先生方、そして地元遠軽町の皆さんなど、お客様は総勢七十六名にも達し、皆さんから熱い声援をいただきました。職員が朝五時前から給食棟で作った家庭学校名物のお弁当は、お客様、子ども達、教職員分合わせて百三十個ということで、来客数とお弁当の数では「大運動会」の名に恥じない盛大なものとなりました。

十五名の子ども達も多くの皆さんの声援に応え、素晴らしい演技や走りを見せてくれました。少人数ながらも皆懸命に自分の役割を果たし、協調連携して競技に取り組みました。溌剌とした姿、成長した姿を見せてくれました。クライマックスのダンスも、練習のときを遙かに超える立派な出来映えで、多くの観衆に感動を与えたと思います。「ウチの生徒は、やるときはちゃんとやるんですよ」と、校長として内心誇らしく思いました。

上空にはスズメバチの大群が飛来したかと思わせるようなブーンという音を立てながら、新規

運動会（ダンス）

導入のドローンが縦横無尽に飛び回り、空撮していました。家庭学校ドローンのデビューとなりました。

このときの映像ではありませんが、公式ウェブサイト『家庭学校へようこそ』に、ドローンで撮った動画をアップしています。広い構内を飛び回り、全校作業の植林風景や礼拝堂を真上から見下ろす迫力のある映像などが入っていますので、今現在の家庭学校を、鳥の目になって、是非ご覧ください。

さて、六月四日の校長講話は「お金の話」ということで話しました。在校生、卒業生の中には、お金や物などに酷く執着したり、反対に地道に働いてお金を稼ごうとしないために自立が遅れたりということが多く見られるので、今回はお金をテーマに次のように語りかけました。

以下、講話の概要です。

＊＊＊

皆さんは、世の中で一番大切なものって、何だと思いますか。お金かな、名誉かな、時間かな、人の心かな、いろいろ考えられるよね。今日はみんなにお金についての話をしたいと思います。お金があれば幸せになれるかという話です。

ある本を読んでいたら、こういう場面が出てきました。ある学校の卒業式の話です。来賓として出席した地元の市長さんが生徒に向かってこういう祝辞を述べていました。

「皆さん、今から世の中に出ていったら、覚えておきなさい。お金では幸福は買えない。お金では尊敬は買えない。お金では名誉は買えない。しかし、お金は貯めなさい。」

皆さんはこの話を聞いてどう思いますか。なんだか、前の方と後の方がちょっと矛盾しているような気がしないでしょうか。前段は、「お金があるからといって必ず幸福になれるわけではない。尊敬されるとも限らない。名誉が得られるわけでもない。だからお金儲けにあくせくするんじゃないよ」という所謂《いわゆる》精神訓話だと思います。

「人間は中身だ、ボロは着てても心は錦だ」というわけです。「お金なんかに目もくれず、心を磨いていこう。世間の目なんか気にするな」と言っているのではないでしょうか。私もまったくそのとおりだと思います。

それでは、最後の「しかし、お金は貯めなさい」とは、どういうことを言ってるのでしょう。どうも俗物根性、事大主義の臭いがして、私はちょっと違和感を覚えました。世の中には「事大主義」というものがあるんですね。難しい言葉ですが、簡単に言うと「長いものには巻かれろ。強いものには従おう」という自主性を欠いた考え方のことです。「俗物根性」ともいうもので、名誉や利益に囚《とら》われてばかりいるつまらない人の考え方で、私などはこの考え方が大嫌いです。

でも、こういう事大主義のような考え方は根深い人間の本性であって、残念ながらいつの時代にも人間の弱い心の中にあるもののようです。良くない考え方です。強い人に阿《おもね》ってはいけないよね。みんなの中にも、力の強い人に気に入られようとして、無理をして阿っている人いないかな。そういうことはやめた方がいいね。そういう癖を直さないと、世の中に出たときに苦労します。

お金の話に話を戻すと、本来なら家庭学校の校長としては、若い君達への精神訓話として「お金なんかに目もくれずに心を磨いていこう。人間は中身さえ立派なら外見なんてどうでもいいんだよ。世間の目なんか気にするな」と、日曜講話でお話しするべきかもしれません。

本来人間は中身さえ立派なら外見などどうでもいいはずです。ところが、実際には世間はなかなかそうは見てくれません。良い服を着ている人を立派だと思い、大きな家に住んでいる人を偉いと思い、そうでない人を軽く見ることがありがちなのです。こういった考え方は、さっきも言ったように残念ながら根深い人間の本性のようで、いつの時代にも人間の弱い心の中にあるように思います。

だから、きっとこの市長さんは、「人がそういう見方をするものだと知っていれば、大人になってから役に立つから覚えておくといいよ」と、敢えて生徒たちに忠告してくれたのではないかと、私は思いました。

それからもう一つ、大金持ちになる必要はないのだけれど、普通の生活に必要なお金が足りないと、とんでもない苦労をします。自分のことを大切にできなくなります。自分らしく生きられなくなります。

みんなの中にも、家庭学校に来る前にお金のことで苦労した人はいると思います。最低限必要なお金がないと、悪いことに巻き込まれる恐れがあります。人の物を盗もうとしたり、騙《だま》してお金を取ろうとしたりと、残念ながら悪いことを考える人が世の中にはいるものです。「振り込め詐欺」とか「オレオレ詐欺」なんていう言葉、新聞やテレビのニュースで見たことや聞いたことあるでしょう。手っ取り早く、安直に、額に汗しないで、簡単にお金儲けができると誘われたら、断固としてキッパリと断ることです。

そういう一見うまい話には必ず裏があります。落とし穴があります。仮に一時的にお金を手にすることができたとしても、それは自分の心や身体をダメにしたことの代償です。自分を大切にしないことの代償です。

自分を大切にしないと、どうなるか。自分を大切にしない人は、当然自分の生活が成り立たなくなっていきます。そして、他人も大切にできません。世の中も大切に思えなくなり、自分勝手な言動をします。そうすると誰からも相手にされなくなり、その結果、寂しい人生を送らなくてはならなくなります。

だから、社会で自立して生きていくために必要なお金を、毎日規則正しく働いて、勤勉に仕事をして、自分の力で稼がなければいけません。そして、稼いだお金を無駄に使ってしまわないで、ぜーんぶ使ってしまわないで、まさかの時のために、ある程度は貯めておく必要があるのです。

長くなったけれど、今日のお話は「世の中にはお金よりも大切なものがたくさんある。お金では幸福や名誉は買えない。だから、お金にとらわれてはいけない。でも、社会で自立して普通に暮らしていくためには、ある程度のお金、最低限の生活費が必要なので、お金は大事にしよう」というお話です。

お金についてはいろいろな考え方があると思います。また時期を見て、別な観点からお金のことをお話ししてみたいと思っています。皆さんも、時々考えてみてください。今日のお話を終わります。［7月号］

「偶然力」を信じよう

七月中旬は暑い日が続きました。北辺のオホーツク地方でも連日三十五度の猛暑に見舞われ、十四日の「釣り遠足」も熱中症が出ないか心配しました。何しろ場所となる湧別川河畔は日陰がないのです。でも、子どもも大人も暑さなどものともせず、それこそ釣りに熱中しました。

昼は定番のジンギスカン。バーベキューの鉄板の上にはいつもの羊肉と自家製の野菜に加えて、今年はサツマイモのスライスがたくさん並びました。ちょうど前日に千葉県在住の大先輩、岸本義輔さんから大量に送っていただいたものの一部で、皆で美味しくいただきました。

暑い中、事前の河原の草刈りや当日の炭火熾《おこ》しなどに奮闘され、また、絡《から》まった釣り糸を解《ほど》き、餌の付け方などを懇切に指導された先生方のお陰で、素晴らしい「釣り遠足」となりました。生徒たちの心に残るものとなったことでしょう。

毎年夏の時期は見学や実習などのために遠方から来られるお客様のラッシュとなります。海の日の祝日を含む三連休でしたが、私は来客対応で家庭学校に残ることになっていたので、中日《なかび》の十六日の日曜礼拝に校長講話を組み込みました。今回は「偶然力」について、子ども達に語りかけました。

以下、講話の概要です。

＊＊＊

今日は「偶然力」という話をしたいと思います。「偶然の力」と書きます。あんまり聞いたことがない言葉だと思います。でも、時々私が「偶然力」という言葉を口にするので、それを聞いていて覚えている人がいるかもしれません。実は私は六年ほど前に、ある本、多分飛行機の中で読んだ機内誌だったように思うのですが、その本を読んでいて初めて出逢った言葉です。その本の中に「偶然力」という言葉を書いていた人は、脚本家の小山薫堂さんという人でした。

小山薫堂さんは、『おくりびと』という映画の脚本を書いた人で、この映画はアメリカのアカデミー賞の外国語映画賞も受賞した有名な作品です。見たことある人いるかな。それから、みんな「くまモン」は知ってるよね。熊本県のキャラクターで、ゆるキャラの中でも一番有名だよね。小山薫堂さんは、「くまモン」の生みの親としても知られています。

さて、本題に戻りますが、その本には、このように書いてありました。

・日々の偶然を力に変える「偶然力」は何も特別な力ではない。
・ほんの少し「想像力」と「好奇心」と「行動力」があればいい。
・「偶然力」を信じることは、自分の「未来」を信じることなのだから。

私はこの「偶然力」という言葉とこの短い文章に大変感銘を受けました。ちょっと抽象的で難しいかもしれません。それで、ここから私なりに解釈したこと、私の考えている「偶然力」について、具体的な話としてお話しします。

皆さんが家庭学校にやって来たのは、たまたま「偶然」だと、私は思います。この中で、最初から家庭学校のことを知っていて、自分からここを目指して入って来た人は、まずいないと思います。自分から家庭学校を目指してやって来た人、いるかな。いたら手を挙げてください。（ね、いないよね）

それぞれにいろんな事情があって、長い経過があって、児童相談所の先生など周りの人から勧められて、そして最後は自分で腹を決めて、自己決定して、「家庭学校で頑張ってみよう」という気持ちでここにやって来たのだと思います。

だから、初めからここに来ることが決まっていたわけではないんですね。もしかしたら、誰かに勧められなかったら、また、自分で決められなかったら、今ここにはいません。全く別の所にいたかもしれません。

家庭学校で、今こうして生活しているのは、たまたま「偶然」なんですね。石上館《せきじょうかん》、掬泉寮《きくせんりょう》、楽山寮《らくさんりょう》の寮生になったことも、そこで寮の先生や寮の仲間と一緒に暮らしているのも、「偶然」です。望の岡分校の先生やクラスの仲間と出逢って、一緒に勉強しているのも、これも「偶然」なんですね。

私のこともお話しします。私は、三年前の四月一日に家庭学校に来たのですが、これもたまたま「偶然」です。その半年ほど前に、ある人に勧められたのが切っ掛けで、本当に迷いに迷って、最後は自分で腹を決めて、家庭学校にやって来ました。君達と同じように自己決定して来ました。もし、ある人に強く勧められなかったら、そして私自身が覚悟を持って行動に移さなかったら、私は今ここにいません。だから、私が今この礼拝堂の舞台に立って君達に語りかけているのも、「偶然力」によるものだと思っています。

ここにおられる多くの先生方も、きっとみんなそうだと思います。「偶然力」の力に導かれて、北海道家庭学校にやって来たのだと思います。

たまたま「偶然」に、生徒の皆さんと先生方が、この日本の国の北の端っこの方にある、遠軽町留岡の北海道家庭学校で出逢って、この広い森の中で生活を共にしながら、一緒に勉強し、作業しているわけです。

思えば人生は、「偶然」と「出逢い」と「別れ」の連続なんですね。私はこういうふうに考えています。たまたま「偶然」なんだけれども、きっとそこには何か「意味」があるのだろう……と。それこそ「想像力」を働かせています。だから、この「偶然」を活かして、ここで自分のできることを最善を尽くして、ベストを尽くしてやっていこう、少しでもみんなの力になれるよう頑張っていこうと思っています。そうすれば、きっと私自身も成長できるし、未来が拓けるし、良いことがある、そういうふうに前向きに考え、「偶然力」を信じることにしています。

皆さんも、せっかく「偶然」に家庭学校に来ることができたのだから、また、いろんな先生方や仲間たちとここで出逢ったのだから、この「偶然」と「出逢い」を大事にしてほしい、そして、この家庭学校で大きく成長してほしいと、私は願っています。

何でもないことが、大きな分岐点になることがあります。家庭学校での生活が、君達の人生の大きな転換点になるかもしれません。私は、是非そうなってほしいと、強く思っています。

君達はここに来るまでに、家庭学校に辿り着くまでに、家や学校や前の施設などで、きっと相当な苦労があったと思う。たくさんの困難に見舞われたと思います。そして現在、この家庭学校で生活する中でも、いろいろと辛いこと、苦しいことがあると思います。家庭学校に来てからも毎日のように困難なことに立ち向かっているのだと思います。

何度も何度も言っているけれど、ここに『難有《なんあり》』の額が掲げられています。覚えているよね。困難なことに出遭うことは、辛く苦しいことだけれども、逆にチャンスなんだね。人は困難なことに出遭って、それを乗り越える度に成長していくものなのです。困難があることは有り難いことなんだということを、覚えていてほしい。苦しいときには『難有』をいつも思い出してほしいと思います。

ここにいるみんなは、生徒も先生方も私もみんな、せっかく「偶然」に今、家庭学校にいるのだから、「偶然力」を信じて、この家庭学校で全力を尽くして、いっぱいいっぱいに頑張って、自分を磨いていきましょう。そして共に大きく成長していきましょう。

さっき、人生は「偶然」と「出逢い」と、そして「別れ」の連続だと言いました。君達は家庭学校にいる時間はそう長くはありません。一昨日《おととい》A君が巣立っていきました。彼は二年間、家庭学校で一生懸命努力して、ときには失敗もあったけれども、彼にとっての課題を克服して、困難を乗り越えて、大きく成長して、故郷に帰って行きました。

みんなもここにいる時間はそう長くはありません。うっかりしてたら直ぐに時間が経ってしまいます。のんびりなどしていられないのです。誰かに決められたからここに居るのではない。誰か人のせいにして逃げていないで、自分で決めたのだから前向きにいきましょう。一日一日を大切にしてほしい。勉強も作業も寮生活も、どれも皆頑張ってほしい。

「偶然力」を信じて、自分の「未来」を信じて、毎日の生活を、みんなで力を合わせて前向きに頑張っていきましょう。今日のお話を終わります。［8月号］

心で見る

恒例の夏期一時帰省を、今夏も望の岡分校の夏休み期間の中で実施しました。夏冬の一時帰省については、久々に家に帰って気持ちが緩んでしまったり、里心がついて帰校日にすんなり戻って来られなくなったり、場合によっては事件・事故に巻き込まれたりの心配もありますし、何しろ広い北海道ですから、全道各地の児童相談所までの長い道程《みちのり》を職員が手分けして公用車で送迎しているので、リスクも負担もそれ相応に大きいのですが、それでも私は可能な限り多くの生徒を帰省させたいと考えています。保護者の方に子どもの成長振りを見てもらうためにも、逆に子どもに保護者の状況や家庭環境の変化を肌で感じさせるためにも、一時帰省は絶好の機会となるからです。家庭の事情や児童本人の状況などで帰省期間は区々《まちまち》です。中には職員の送迎の下に保護者と短時間面会しただけの生徒や、帰省期間を児童相談所の一時保護所で過ごした生徒もいましたが、一応全員が故郷《ふるさと》の空気を吸い、気持ちを新たにして家庭学校に戻ってきました。

二十日の日曜礼拝の校長講話では、皆それぞれが夏休みの間に少しずつ成長して、そして元気に戻ってきたことを嬉しく思う旨改めて伝え、今回は「心で見る」というテーマで、子ども達に語りかけました。

以下、講話の概要です。

＊＊＊

今日は皆さんに「心で見る」というお話をしたいと思います。何だか変だな、ものを見るのは「眼」だよな、「心」でどうやって見るんだろう、と思う人がいるかもしれません。

フランスの作家で、サン＝テグジュペリという人を皆さんは知っていますか。『星の王子さま』という有名な物語を書いた人です。読んだことある人いませんか。私はこの本を最初は小学生のときに読みました。子ども向けの童話のような、絵本のようなスタイルの本でした。

二度目にこの本を読んだのは大学生のときでした。フランス語の単位を取る必要があり、そのときにたまたまこの本の原文を読む講座を見つけて、小学生のときに読んで懐かしかった『星の王子さま』を原文で読んでみたいと思ったのです。

フランス語版は『Le Petite Prince』（ル・プチ・プラン）というタイトル・書名です。英語版なら『The Litle Prince』（ザ・リトル・プリンス）というタイトルで、両方とも直訳すると「小さな王子」という意味になりますが、日本語版では『星の王子さま』というタイトルが定番です。最初に翻訳した内藤濯《あろう》というフランス文学の先生がこの夢のある素晴らしいタイトルをつけたので、それ以降たくさんの翻訳本が出ていますが、どの本もみなこれに倣《なら》って『星の王子さま』という書名になっているようです。

サン＝テグジュペリという人は、フランスの作家、文筆家として知られていますが、それ以外に飛行機の操縦士の仕事もしていました。独りで小さな飛行機に乗って郵便物をヨーロッパからアフリカに運んだりしていたようです。最後は飛行機事故に遭ったのか、行方不明になって人生を終えています。

この物語は、砂漠に不時着した飛行機乗りの主人公が語り手となっていて、その主人公が出会った男の子が、小さな小さな自分の星を後にしていくつもの星を巡ってから七番目の星である地球にたどり着いた王子さまだった……というような空想的な内容となっています。『星の王子さま』は世界の大ベストセラーかつ大ロングセラーで、世界中で最も読まれている本と言われています。

さて、私の話に戻りますが、二度目に読んだときにはもう大人になっていたので、子どものときとはまた違った感銘を受けました。子ども向けの児童文学のようであるのだけれど、大人向けのメッセージがたくさん含まれていて、人間にとって大切な事柄、真実の教えが、この物語の中にあるということを、そのとき私は強く感じました。

中でも私が最も感銘を受けた言葉が、「心で見る」です。この物語の中で、小さな王子様がキツネと会話するシーンがあるのですが、互いに「さようなら」の言葉を交わした別れ際にキツネから教えられることがあります。それは、こういうものです。「じゃあ秘密を教えるよ。とてもかんたんなことだ。ものごとはね、心で見なくてはよく見えない。いちばんたいせつなことは、目に見えない」そういう教えなのです。キツネが王子様に伝えた秘密の教えです。「目に見えるものばかりが真実ではなくて、むしろ見えないところに一番大切なものが隠れているんだよ。だから、心で見なくちゃものごとはよく見えないんだよ。肝腎なことは目に見えないんだよ」と、サン=テグジュペリは『星の王子さま』という物語の中で「心で見る」ことの大切さを私たちに教えてくれています。

六月の校長講話で、皆さんにお金についての話をしたと思います。覚えていますか。お金があれば幸せになれるかという話で、結論としては「世の中にはお金よりも大切なものがたくさんある。お金では幸福や名誉は買えない。だから、お金にとらわれてはいけない。お金なんかに目もくれず、心を磨いていこう。ただし、社会で自立して普通に暮らしていくためにはある程度のお金、最低限の生活費が必要なので、お金は大事にしよう」ということでした。今日はそのお話の続きのようなことになるかもしれません。

目に見えるもの、例えばお金や、そのお金で買える宝石や、豪華な衣装、贅沢な食べ物、そういったものがたくさんあったらいいと、普通は思うよね。どんなに幸せだろうかと。でも、そういうものをいくらたくさん手に入れても、それだけで幸せにはなれるわけではないということを、六月の講話で話したと思います。

世の中で一番大切なこと、大切なものは、本当はそういうお金で買える目に見えるものではなくて、お金では買えない目に見えないものなんだということです。それは何かといえば、例えば「人の心」とか、「思いやりの気持ち」です。「時間」とか「未来」とか「名誉」なんていうのも目に見えませんが、どれもみんな大切だよね。見えないけれども確かにある大事なものばかりです。見えないからか、なんだか儚《はかな》くて不安定で、信じたいけれど信じ切れない、信じようと思えば思うほど不安になる、そういうものの中に大事なものがあるのです。

私はその中でも「人の心」、「人の気持ち」がとっても大切だと思っています。時々みんなに

「人の気持ちがわかる人になろう」と呼びかけているよね。「人の気持ちがわかる人になる」ということは、眼で見えないものを「心で見る」ということに通じることだと思います。

ここにいる多くのみなさんは三月の卒業証書授与式に参列しましたね。覚えていると思うけれど、卒業生の中学三年生と小学六年生のために、故郷《ふるさと》の学校の校長先生や担任の先生が遠くから駆けつけてくださいました。たった一人の卒業生のために原籍校の卒業証書や記念品を持って来てくださったのですが、それは単に卒業証書という紙や、記念品という品物、どちらも目に見える物だけれども、そうした物を届けに来てくださっただけではなくて、立派に成長して晴れの卒業式を迎えることになった生徒への祝福の気持ち、温かな心を届けに来てくださったのだと、私は思っています。

そういうことは、ほかにもたくさんあります。貴重なお休みの日に大勢で理髪に来てくださる月曜会の皆さんがいます。冬の一週間、スキー指導に来てくださる自衛隊の皆さんがいます。運動会や園遊会やクリスマス晩餐会などにも君達を激励に来てくださる大勢の皆さんがいます。そういう人達の温かな心、思いやり、そうした眼に見えない大切なものを、私達は心の眼で見ること、「心で見る」ことが大切だと思います。

家庭学校の先生方や望の岡分校の先生方も君達のことを大事に大事に思って毎日指導・支援してくれています。そういう先生方の心や気持ちも、そして一緒に暮らす周りの仲間たちの心や気持ちも、心の眼で見ること、即ち「心で見る」ことが大切だと思います。「心で見る」ことをいつも忘れずに心掛けてほしいと思います。そして、人の気持ちがわかる人になって家庭学校を元気に巣立って行ってほしいと、私は願っています。

今日は「心で見る」というお話をしました。終わります。［9月号］

百三年目の創立記念日

秋晴れの九月二十四日、北海道家庭学校は全校生徒と役職員、さらにはお客様にも参加していただき、百三年目の創立記念日をお祝いしました。第一部は十一時から礼拝堂で、第二部は正午から給食棟で、皆で楽しく充実した時間を過ごすことができました。因みに昼食メニューは創立記念日定番の赤飯、鮭の照焼、金平、味噌汁、浅漬け、果物でした。加えて自家製の紫蘇ジュースも振る舞われました。

以下、礼拝堂での校長講話の概要を記させていただきます。

＊＊＊

北海道家庭学校百三年目の創立記念日のお話をします。皆さんの右側に掛かっている写真は、いつもお話ししている家庭学校を作った人、校祖ともいいますが、留岡幸助先生です。幸助先生がこの遠軽の地に、一九一四年（大正三年）に北海道家庭学校を創立されてから、今年で百三年目になります。北海道家庭学校には長い歴史と素晴らしい伝統があります。

今日のこの創立記念のお祝いには、普段家庭学校で暮らしている生徒の皆さんと我々職員のほかにも、家村理事長先生をはじめいつも家庭学校のためにお力添えをいただいている多くの皆様にも参加していただいています。お忙しい中ご出席をいただきまして、誠に有り難うございます。

今日は創立記念日なので、少し歴史を振り返ってお話ししたいと思います。とは言っても、私は家庭学校ではまだ三年半の経験しかありません。限られた時間の中で百三年間の歴史を詳しくお話しする訳にもいきません。それで今日は留岡幸助先生の大事な教えの一つである「三能主義」について、皆さんに改めて少し詳しくお話ししたいと思います。

幸助先生は北海道家庭学校開設の翌年、一九一五年（大正四年）に、「三能主義」という考え方を『人道』という当時の家庭学校の機関誌に発表されました。「三能主義」とは、この紙に書かれているように「能《よ》く働き・能《よ》く食べ・能《よ》く眠る」という三つの「能《よ》く」をまとめた言葉です。「能く」という字は「良い悪い」の「良く」ではなく、「能力」の「能《のう》」という字を書きます。「十分に」とか「上手に」という意味を表す漢字です。

家庭学校での暮らしの中で、皆さんは毎日、朝作業・夕作業に励んでいます。それから、月曜と火曜と木曜日には、午後の学校日課の中で「作業班学習」を行っています。家庭学校や望の岡分校の先生方とともに本格的な作業に取り組んでいます。家庭学校の生徒は、毎日「能く働く」生活を送っているんですね。

また、家庭学校でみんなが栽培した野菜や飼っている牛の牛乳やバターなど新鮮で栄養価の高い食物を、好き嫌いせずにお腹いっぱい食べたり飲んだりしています。食べるときの姿勢やマナーなどにも留意しながら充実した食生活を送っています。毎日「能く食べる」生活を送っているんですね。

さらには、寮での規則正しい日課の中で、早寝早起きの良い習慣が身につき、日中の作業や運動や勉強に一生懸命取り組んでいるので、夜は心地よい疲れを覚えぐっすり「能く眠る」ことができます。そういう健康的な生活を送っています。

このように、皆さんは家庭学校の根本精神である「三能主義」というものを毎日しっかりと守りながら、勤勉で規則正しく健康的な生活を送っています。そしてそのことが、将来皆さんが社会で自立して生活していくために必要な力を養い、君達の心と体の大きな成長につながっていくものと、私は考えています。

「能《よ》く働き・能《よ》く食べ・能《よ》く眠る」ということは、言わば当たり前の生活です。その当たり前の生活を、毎日毎日きちんと続けることが人間にとって大変大事なことであると、百年以上前に留岡幸助先生は考えられたのです。

幸助先生の「三能主義」の精神は、創立以来百三年間、北海道家庭学校の確たる伝統として、しっかりと受け継がれてきました。これからもこの「三能主義」を大事な教えとして、家庭学校の素晴らしい伝統として、忠実に守っていきましょう。

さて、今日私は皆さんに三つの「能《よ》く」に加えて、もう一つの「能《よ》く」を提案したいと思います。それは「能《よ》く考える」ということです。毎月五日の幸助先生月命日の平和山登山のときや、日曜日の校長講話などでも、時々皆さんにお話ししているので覚えている人もいると思います。どんなに作業や仕事ができても、どんなに勉強ができて学業成績が優秀であっても、周りの人と協調して仲良くしていけなければ、家庭学校を巣立ってから仕事も学校も結局長続きしません。いつも「人の気持ちを考える」ことがとても大事なことだと思います。

どうしたら人の気持ちがわかる人になれるか、周りの人と仲良くできるか、お互いに助け合っていけるかなどのことを、相手の立場に立っていつも考えていることが大事だと、私は思います。みんなはそれぞれいろんな性格を持っています。ちょっと人に不快な思いをさせてしまうような癖があったりして、人間関係がうまくいかなくなるような失敗をしたことがこれまでもあったと思います。自分の特性、性格や癖などをいつも意識しながら、どうしたら周りの人と仲良くでき、人の気持ちがわかるようになるか、そのことを毎日毎日「能《よ》く考えながら」生活してほしいと、私は願っています。

北海道家庭学校は百年の大きな時の流れを経て、新しい世紀に入っています。新世紀の北海道家庭学校は「三能主義」プラスワンの「四能主義」を大事にしていきたいと、この頃私は考えています。

今日は北海道家庭学校の長い歴史の中のほんの一端に触れただけですが、これまでの百三年間、大先輩の先生方や生徒たちの営々とした努力、頑張りによって、北海道家庭学校の歴史と伝統が形作られ、いろいろなものが財産として伝わって、今日《こんにち》私たちがここで勉強し、生活できていることを、皆さんに知っていただきたいと思っています。「暗渠の精神」や「難有」などの素晴らしい伝統と大事な教えを皆さんに繰り返しお話ししているのはそのためです。

これからの家庭学校の歴史を作り、新たに伝統を守り育てていくのは、今ここに居る私たち、生徒と先生方です。創立記念日に当たり、そのことをしっかりと心に期したいと思います。

今日はこのあと給食棟でお客様とともにお昼ご飯をいただきます。その昼食会の中で皆さんにドローンで空撮した映像を見てもらうつもりで、藪本先生に準備をしていただいています。皆さんには初めて見てもらうことになりますね。家庭学校の雄大な敷地の様子や全校作業の植林風景、運動会や相撲大会の様子などが上空から映し出されています。礼拝堂を真上から見下ろした迫力のある映像も見られるはずです。

また、午後からは、各寮毎に博物館の見学が予定されていると思います。今日は幸いに新しい博物館に力を注がれた佐藤先生もお見えになっていますので、家庭学校の歴史などを詳しく教えていただけると思います。博物館にはそのほかにも、日露戦争のときのステッセルのピアノというものがありますし、黒曜石でできた我が国最大級の鏃《やじり》も展示されています。せっかくの機会なので、能く考えながら勉強してみてください。

今日は北海道家庭学校の百三年の歴史を振り返りながら、皆さん方一人ひとりがもう一度自分を見つめ直して、ここで過ごす意味をしっかりと考える、そういう一日にしてほしいと思います。

創立記念日のお話を終わります。

＊＊＊

最近私が勝手に唱え始めた「四能主義」ですが、何と読んだらいいのか迷う方も多いと思います。「よんのうしゅぎ」だと「さんのうしゅぎ」と響きが似ていて収まりが良いような気もするのですが、果たして日本語の音感的にはどうかな……と、些《いささ》か悩むところです。

それで辞典などで調べてみたところ、『広辞苑』に「四能《しのう》」という言葉が載っていました。「しのう」という読みが古くからあるようなのです。ただし、この場合の「四能」の意味は全く違います。「四つの芸能。琴・棋・書・画をいう」とありました。四つの芸術、即ち琴・囲碁・書道・絵画のことで、士君子の嗜《たしな》みのことのようです。意味は異なりますが、読みは「しのうしゅ

ぎ」でしょうか。参考まで。［10月号］

ステッセルのピアノ

十月に入って急に秋が深まりました。オホーツクブルーの空に黄葉がよく映えます。最高気温が十度という肌寒い天候が続き、暖房が欠かせなくなりました。大量の枯れ葉が吹雪のように風に舞う十月十五日の午前、礼拝堂で校長講話を行いました。北海道家庭学校の大事な宝物であるステッセルのピアノと、それにまつわる作家の五木寛之さんの著書、加えて五木さんの講演の内容を子ども達に話しました。以下、その概要です。

＊＊＊

先月は創立記念のお祝いの日に校長講話を行いました。その講話の終わりのほうで、皆さんが博物館を見学する際には日露戦争のときのステッセルのピアノというものがあるので、よく観てくださいと言いましたが、覚えていますか。ステッセルのピアノに触ってみた人いるかな。いい音がしましたか。蝋燭《ろうそく》を立てて灯りを灯《とも》す燭台《しょくだい》が左右に二本付いていたり、両方の脚《あし》にも彫刻が施されていて、歴史を感じさせるものだったと思います。今日はそのステッセルのピアノにまつわる話から始めたいと思います。

日露戦争のこと、みんな知ってるよね。社会科の時間に習ったと思います。学年によっては、まだ歴史を詳しく勉強していない人もいるかもしれません。日露戦争というのは、ずーっと昔の出来事で、一九〇四年に起きた戦争です。今年が二〇一七年だから、今から百十三年も前のことです。北海道家庭学校の創設が一九一四年で、今年で百三年目を迎えたところなので、北海道家庭学校の誕生よりさらに十年前に起こった戦争です。

日露戦争というのは、日本の国（当時は大日本帝国と言っていました）と当時の帝政ロシアとが、満州と朝鮮（今の中国北東部と朝鮮半島）の覇権を争った戦争です。この戦争では、日本の国がロシアに勝ちました。

このときのロシア軍の司令官の一人がステッセル将軍という人で、降伏して、日本の司令官の一人だった乃木大将と、水師営（中国大連市旅順）というところで会見をしました。このとき、日本は戦争に勝ったので、中国北東部や朝鮮半島、樺太（今のサハリンです）などの利権を確保したほか、戦利品としていろいろなものを手に入れました。その戦利品の中にステッセル将軍の奥さんが弾いていた愛用のピアノがあって、それが今、家庭学校の博物館にあるピアノなのだということが言い伝えられています。

旅順開城の際、水師営という所で会見した乃木将軍とステッセル将軍は、お互いの勇気と奮闘を称え合い、その武士道精神に感銘を受けたステッセル将軍が、乃木将軍に自らの愛馬と夫人愛用のピアノを進呈したというエピソードも伝説として伝わっているようです。

ただし、そのステッセルのピアノと伝えられている古いピアノが、どういうわけか全国各地に（ここのほかにも旭川とか金沢とか水戸にも）存在するということがあって、それを知った五木寛之さんという大変有名な小説家が、今話した乃木・ステッセル伝説がはたして真実なのかを調べるために、遠軽の北海道家庭学校をはじめ、旭川の北鎮記念館、金沢の女子大学などを訪ね歩き、中国やロシアへも旅をしながら、『ステッセルのピアノ』という本を書きました。この本です。

この本の第一章には、「遠軽の雪の学校にて」というタイトルで、五木さんが北海道家庭学校を訪れたときのことが書かれています。この本は平成五年の出版で、本の中に出てくる第五代校長の谷昌恒先生についての記述（「昭和四十四年の着任以来既に二十四年間にわたって働いておられる」というもの）があるので、おそらく今から二十四年前の平成五年（一九九三年）の三月、まだ雪の残る寒い頃に来校されたものと思われます。

そのときに五木さんが、今もみんなが毎日昼食を摂っている給食棟で、当時の生徒や先生方と一緒にお昼ご飯を食べたことが、この本の中に書かれています。その記述が私には大変興味深く思われたので、みんなにも読んで聞かせますね。

「校長先生の部屋でお茶をいただきながら話をうかがっていると、突然、谷先生が私に言われた。

『一日に一回、昼食だけは全生徒が集ってするんです。お口にあうかどうかわかりませんが、職員や生徒たちと一緒にどうぞ。ピアノをご覧になるのは、その後になさってはどうでしょう。』

ごちそうになります、と答えて私は立ちあがった。食堂は本館からすこし離れた場所にあった。私が雪道にそなえて横浜からはいてきたブーツを脱ぐのに苦労しているところへ、学生服の生徒たちが次から次へと駆け込んできた。

『こんにちは！』『こんにちは！』と、どの子もどの子も私の顔を見て元気な声をかけてゆく。その生徒たちの活潑な声に、規則できめられたことをやっているといった空虚な感じがほとんどないのがふしぎだった。挨拶ということを、人間の基本的なマナーとして、日常の暮しのなかで教えられているらしい自然な明朗さが彼らの表情にはあった。

職員の先生がたと一緒のテーブルにすわって、代表生徒の食前の感謝の言葉をきく。ひじき。野菜と肉の煮物。汁と、漬け物。山もりの飯。私にはいささか量が多すぎるが、残すわけにはいかない。生徒も先生がたも、あっというまに全部を平らげてしまう。すごいスピードだ。引揚げ船で帰国したころの飢えた少年の私だったら決して負けなかっただろうが、いまではとても追いつかない。テレビの若いスタッフにすこし助けてもらって、ようやく恥をかかずにすんだ。

昼食のお礼に、みじかいスピーチをした。ふだん同世代の聴衆に話をすることが多いので、ちょっと戸惑ったが、いつもと同じ話をすることにした。真剣にきいてくれている生徒たちの顔が、とてもまぶしかった。」（五木寛之著『ステッセルのピアノ』より引用）

何だか……今と同じで、情景が目に浮かぶようだね。昨日もお客さんと一緒にご飯食べたよね。君達の先輩達も、真っ直ぐな気持ちで、能《よ》く働き、能《よ》く食べる、しっかりとした生活を送っていたことが、五木さんの文章から伝わってきます。

さて、ここでクエスチョンです。実はそのとき給食棟で五木さんと一緒にお昼ご飯を食べた人が今も家庭学校にいます。誰だかわかるかな。（中一のK君から「軽部先生」の声）そうだね、副校長の軽部先生です。このあいだ、そのときのことを軽部先生に伺ったところ、よく覚えておられました。

今みんなが毎日お世話になっている給食棟は、昭和五十四年（一九七九年）、今から三十八年前に建てられました。そのときから全校生徒が集まって昼食を摂るようになり、また毎月の誕生会も全校で行えるようになりました。大勢のお客様をお招きする創立記念日の昼食会やクリスマス晩餐会の会場でもあるし、それから卒業証書授与式に出席される原籍校の先生方にもお昼ご飯を食べていただく、家庭学校にとって大変大事な場所です。

とっても愛着がある建物で、大事に使ってきたのでまだまだきれいなのですが、それでも竣工以来四十年近く経っているのでかなり老朽化も進んでいます。厨房設備なども古くなり更新が必要となってきたこともあって、今、実は全面改築の計画を進めているところです。今までどおり、神社山の放牧地に牛がのんびりと草を食《は》む風景を窓から眺めながら、ゆったりとした時間を過ごすことができるオアシスのような給食棟を創りたいと、先生方と案を練っているところです。

さて、ステッセルのピアノにまつわる話として作家の五木寛之さんのことをお話ししましたが、ここでもう一つ、せっかくなので五木さんの講演についてのお話もしたいと思います。七年ほど前に五木さんが札幌で講演をされたとき、私も聴きに行って大変感銘を受けたので、その講演のこと、その中で皆さんにも聞いてもらいたいと思うことをお話ししたいと思います。そのときの演題は「プラス思考・マイナス思考」というものでした。

みんなは、「プラス思考」とか「マイナス思考」という言葉を聞いたことがあるでしょうか。ちょっと抽象的で難しいので、具体的にお話しすることにします。人間は笑えば健康になる、免疫力や自然治癒力が増すので、テレビのお笑い番組などを見て大いに笑いましょう、世の中プラス思考でいきましょう、などと言われることがあるのですが、皆さんは聞いたことがありますか。「笑う門には福来る」という諺もあるよね。笑うのがプラス思考で、泣くのはマイナス思考だと

放牧風景（神社山）

いうんですね。

ところが、五木さんは、そういうプラス思考と呼ばれているものは、実は安易な楽観主義であって、本当に生きる力になるようなものではないと言うのです。悲しむとか、泣くとか、涙とかいうものは、笑いとかユーモアの大事さが言われれば言われるほど、毛嫌いすべきもの、非難すべきもの、克服しなければならないものとして、疎《うと》んじられてきたけれども、でも、はたして単純に笑うことが善で（良いことで）、泣くことが悪であるのか。喜ぶことは人間の精神や肉体にいい影響を及ぼし、悲しむことはマイナスの影響しか与えられないのか。五木さんはそうではないと言っています。

悲しいときは思い切って泣いた方がいいと言うんですね。私は悲しいんだ、辛いんだ、苦しいんだ、と声を出して言いなさいと言うのです。どうして自分はこんなに情けないんだと溜息をついてもいい、どうしてウチの家族はこうなんだろうと溜息をついてもいい、と言っています。そのことによって悲しさや辛さや苦しさを乗り越えていくことができると、五木さんは言うのです。人間は大いに笑い、大いに涙を流せばいい。深く悲しむ人ほど強く歓ぶことができる。たくさん涙を流す人ほど大いに笑うことができると、そう言うのです。

皆さんはどう思いますか。泣くのは恥ずかしいな、自分は弱い人間だと思われたくないなと思って、我慢をして、本当の心を見せないようにしている人はいないでしょうか。今ここにいるみんなは、同じ年頃の一般の小学生・中学生よりも泣くことが多かったかもしれません。悲しいこと、辛いこともいっぱいあったかもしれません。でも、それは決して恥ずかしいことではないのです。

家庭学校というところは、皆さんが悲しい、辛い、苦しい、情けないと思っていることを、隠さなくていいところなんです。悲しいとき、声を出して泣いていいところなんです。辛いんだ、苦しいんだと、口に出して、相談していいところなんです。みんなはそのためにここに来たんです。

家庭学校の先生方も望の岡分校の先生方も、皆さん方一人ひとりの、そういう悲しい気持ち、辛い気持ちを、よーく聞いてくれます。しっかりと受け止めてくれます。だから、自分のことを真剣に考えて、悲しいこと、辛いことがあったら、家庭学校にいる間に先生方にはっきりと伝えて、相談して、吐き出して、自分の問題を解決して、そしてここを巣立っていってほしいと、私は願っています。

いつも言うことですが、未来と自分は変えられます。自分を変えて大きく成長していくために、日々の生活を頑張っていきましょう。今日の話を終わります。［11月号］

「児童虐待」について思うこと

十一月は厚生労働省が「児童虐待防止推進月間」に定めていることから、毎年全国各地で児童虐待防止に関するイベントが行われています。その際に使われる啓発用のポスターやリーフレットには、公募で集まったたくさんの「標語」の中から最優秀賞に選ばれた作品が掲載されます。

平成二十九年度の最優秀作品は、

「いちはやく知らせる勇気つなぐ声」

というものでした。皆さんもどこかで目にされたのではないでしょうか。

参考までに過去の受賞作をご紹介します。どの標語も各年度の最優秀作品ですから、全て素晴らしいに違いないのですが、この中で「児童虐待防止推進のための標語」として最も的を射ていると思われるものを、選んでみてください。

①気づいたら支えて知らせて見守って
②あなたの「もしや」が子どもを救う。
③きこえるよ耳をすませば心のさけび
④助けての小さなサイン受け止めて
⑤つなげよう親子見守る地域の輪
⑥守ろうよ未来を見つめる小さなひとみ
⑦見すごすな幼い子どものSOS
⑧守るのは気づいたあなたのその勇気
⑨気づくのはあなたと地域の心の目
⑩さしのべたその手がこどもの命綱
⑪ためらわず知らせてつなぐ命の輪
⑫「もしかして」あなたが救う小さな手
⑬さしのべてあなたのその手いちはやく
⑭いちはやく知らせる勇気つなぐ声

そしてもう一問。実はちょっと仕掛けがあります。この中に最優秀賞受賞作ではない標語（落選作）を、一つ紛れ込ませています。それはいったいどれでしょう。他の作品と趣が異なるものなので、注意深く見ていただければわかるかもしれません。その落選作というのは、実は私が北海道岩見沢児童相談所長をしていた時代の三年間のうち平成二十年と二十一年に素性を隠して二年連続応募した、私にとっての自信作なのです。

一問目は、各人の好みもあるので意見が分かれるものと思われます。何しろ一つを除いて全て最優秀賞の作品ですから。二問目は、正解は⑤です。因みに①から⑭は、⑤を飛ばして順に平成十七年から二十九年の受賞作です。

⑤以外の作品は、ほとんどが「虐待を見つけたらすぐに通告しよう」という発見・通告をアピールしたものになっています。それに対して私の駄作の⑤は、児童虐待が心配される家庭を親子共々地域のみんなで連携・協力して見守りましょうという、児童相談所の職員としての理想と願いを込めたものです。でも、一般受けしないようです。第一問の答に⑤を選ばれた方がおられましたら、私としては大変嬉しく思います。児童虐待についての考え方やセンスが私と一致します。

平成十二年に『児童虐待防止法』が施行されてから既に十七年もの星霜を経ていますが、この間一貫して発見・通告をアピールする形で国を挙げての啓発活動が行われてきました。毎年の最優秀賞受賞標語からもそのことが窺われます。

さらに近頃では、標語に加えて三桁の児相直通電話番号が周知されるようになりました。啓発ポスターやリーフレット、新聞広告やテレビスポットなどで「児童相談所全国共通ダイヤル」の「189（いちはやく）」が紹介され、「児童虐待⁉と思ったら、24時間いつでも☎189にご相談を！」という内容の政府広報が喧伝されています。周囲を注意深く監視して、少しでも虐待の疑いを感じたら躊躇せず迅速に児相につなごうというのです。

そうした取り組みが奏功してか、児童相談所の児童虐待通告・受理件数は全国でも道内でも右肩上がり、増加の一途を辿っており、お陰で児童相談所は大忙しです。毎年毎年過去最多記録を更新したとして、新聞やテレビなど各種メディアは「児相の体制拡充が急務」などのコメント付きで憂慮の念を声高に伝えています。

ところで、平成の世の日本の国の中で、本当に子どもを虐待する親が増え続けているのでしょうか。現代の親達は凶暴化してきているのでしょうか。私は全くそうは思っていません。今と昔を比べてみてください。私が子どもだった昭和の時代、躾（しつけ）と称して日常的に大人が子どもにしていたことを思いだしてみてください。親が子どもの頭にゲンコツを張る、尻を叩く、頬を平手打ちする等々はよく見られた光景でした。大声で怒鳴る、長時間立たせる・座らせるなどということは説教するときの常套手段でした。お仕置きの手段として、家から閉め出す、納戸に閉じ込める、食事抜きにするなどということもそう珍しいことではなかったでしょう。茶碗が飛び交い、スリコギで殴るような夫婦喧嘩だって落語やドラマの世界だけではなかったのでは……。ただし、昔は止めに入る人が家庭内や隣近所など、周囲にそれなりにいたでしょう。

さらには、背景に貧しさもあったのでしょうが、子どもに三度の食事をきちんと与えない、汚れた服・破れた服を着せる、家業の手伝いや子守のために学校を休ませる、子どもを道連れに無理心中するという悲惨な事件も起きていました。これらのことは平成十二年施行の『児童虐待防止法』に規定する「児童虐待」の定義に照らせば、全て「児童虐待」に該当します。昔のほうが今よりも遙かに児童虐待が多かったと、私は思っています。

『児童虐待防止法』の定義では、「児童虐待」は、①「身体的虐待」、②「性的虐待」、③「ネグレクト（育児放棄）」、④「心理的虐待」の四つに分類されます。子どもの面前で激しい夫婦喧嘩をすることは、現在では④の「心理的虐待」という歴《れっき》とした「児童虐待」になります。核家族が多くなり、隣近所とも疎遠になりがちな昨今では、周囲に夫婦喧嘩を止めに入る人がいなくて警察に助けを求めることになってしまうようです。警察官が駆けつけたときに、その家に子どもが三人いれば三件、五人いれば五件、警察署は自動的に面前ドメスティックバイオレンス（DV）の「心理的虐待」とカウントし、近年ではほぼ全件を児童相談所に文書通告するようになってきています。

児童虐待通告・受理件数の内訳を注視すると歪《いびつ》な構造が見えてきます。平成二十八年度の全国二百十カ所の児童相談所の受理件数の総計は十二万二五七八件ですが、そのうちの半分以上の六万三一八七件（五一・五％）が「心理的虐待」です。十年前の平成十八年度には、総数三万七三二三件に対して「心理的虐待」は六四一四件（一七・二％）に過ぎませんでした。同様に北海道内を見ると、二十八年度は九カ所の児童相談所の受理件数の総計が四八二五件、そのうち「心理的虐待」は三一三八件（六五・〇％）で、実に全体の三分の二を「心理的虐待」が占めるという状況です。十年前の十八年度には、総数八六二件のうち「心理的虐待」は四五件（五・二％）に過ぎませんでした。

近年は「心理的虐待」の中における「夫婦喧嘩・面前DVによる警察通告」が圧倒的多数を占めるようになってきており、このことが児童相談所の虐待統計に大きく影響しているのです。一部メディアの報道の中には、警察と児相の連携が密になったと前向きに捉える向きもあるようですが、私はそうは思っていません。

虐待通告を受理した児相としては、四十八時間以内に子どもの安否確認をしなければならず、大至急その家庭を訪問して子どもと家族の状況を確認することになります。児相が警察からの文書通告を受理したときには夫婦喧嘩から相当時日が経っていて、既に仲直りして忘れかけているところに児童福祉司が登場して蒸し返して嫌われることもあります。軽易なトラブルが多く、その後継続的・本格的に取り組むケースはほとんどありません。大半が一回きりの面談で終結します。労多くして功少なしというわけです。

平成十六年の児童福祉法の改正の中で、従来児童相談所が担っていた職務のうちで、児童家庭相談に関する一義的な相談窓口は市町村が行うことになり、児童相談所は市町村のバックアップと複雑困難なケースに対応することに変わっています。したがって、児童虐待を発見した人は地元の市町村に通告することが本来あるべき姿のはずです。ただ、このことはメディア等であまり報道しないためか、また、国までが時代の流れに逆行して「児相直通ダイヤル」を喧伝するので、いつまで経っても虐待通告が児相に殺到します。今の児童相談所は虐待通告の山に埋もれて悪戦苦闘し、「虐待」の二文字に振り回されて本来の大事な機能を失いかけているのではないかと、児相OBの私としては危惧しています。

さて、現在児童自立支援施設長である私が、何故《なにゆえ》ここまで児童相談所のこと、児童虐待通告のことを書き連ねているかです。実は「虐待通告」が他人事《ひとごと》ではなかったのです。全く思いもかけない展開で、家庭学校に被措置児童虐待の嫌疑がかかり、それを晴らすまでの一カ月半もの間、艱難《かんなん》と徒労を強いられたのです。

夏休み明けから全くやる気を失い、希死念慮まで口にするようになった児童がいて、専門医に診てもらい、措置児相と協議の上で九月初旬から精神科の病院に入院させていたのですが、一カ月が経過して病状も安定したのでそろそろ退院という段になって、児相職員に当該児童から施設内虐待の訴えがあったようなのです。日課の厳しい家庭学校に戻りたくないための虚言だと推測するのですが、措置児相はその一方的な話を鵜呑みにして、家庭学校に何の照会も確認もせずに、家庭学校を所管する北海道北見児童相談所と北海道オホーツク総合振興局に虐待通告をしてしまいました。それから一月半、一方的に被告人席に座らされた感じで大変遺憾でしたが、寮の子ども達への聴き取り調査と私をはじめとする職員への聴取、関係書類の調査など一連の「指導監査」を受け、真摯に対応しました。

オホーツク総合振興局の十一月十四日付けの監査結果通知文の標題は「社会福祉施設に係る指導監査（随時監査）の結果について（通知）」というもので、文面は、「平成29年11月2日に実施したこのことについて、通告内容にある被措置児童に対する虐待行為は確認できませんでしたので、通知します。なお、引き続き適切な運営に努められるよう願います。」という実に簡素なものでした。「確認できませんでした」という表現は「虐待があったかもしれないが見つけられなかっただけ」と言っているようで、私としては些《いささ》か不本意ではありましたが、取り敢えず疑いが晴れて安堵しました。

措置児相と児童福祉施設はクルマの両輪となって連携・協力しながらケース展開をし、児童福祉に取り組んでいるはずで、今回のことは一言《ひとこと》電話で聴けば、一度施設訪問して確認すれば疑いを持たずに済んだはずなのに、何故それをせずに専門機関たる児相が他の児相に通告してしまったのか全く理解できません。「虐待」の二文字に過剰反応し、その途端に思考停止してしまい、大事なケースワークを放り出してしまったように、私には思われてなりません。児相が多忙なのはわかりますが、施設から信頼を失っては元も子もないということを、是非肝に銘じていただきたいと、強く思っています。

監査結果が出るまで新規の入所措置を止められ、疑いをもたれた職員は保護者等との連絡も自粛せざるを得ないなど、業務に大きな支障が生じました。昼夜を分かたず献身的に業務に邁進している当該寮長・寮母がどれだけ辛い思いをしたか想像に難くありません。どうか児童相談所は「人の気持ちがわかる」専門家集団であってほしいと、私は願っています。［12月号］

賢者の贈り物

新年おめでとうございます。北海道家庭学校は創立百四年目を迎えました。今年も家庭学校と子ども達のこと、宜しくお願い致します。

私は常々子ども達に「心を大切にする」ことを求めています。「本当に大事なものは物ではなく心なんだよ」と、繰り返し語りかけています。十二月十日の校長講話でもそのことに触れましたので、参考までに概要を記させていただきます。

＊＊＊

十二月に入ってから毎日寒い日が続いていますね。昨日はマイナス十九度、今朝もマイナス十八度まで冷え込みました。雪も多いので、みんなも除雪に忙しいね。よく頑張ってるね。今年は冬の訪れが早いようで、もうすっかり冬本番になりました。

さて、あと二週間でクリスマスですね。二十三日には、午前中に礼拝堂でクリスマスの礼拝があって、夜は大勢のお客様にも参加していただいて、給食棟でクリスマス晩餐会が開かれます。それで、今日はクリスマに因んだお話をします。

みんなの中で、アメリカのオー・ヘンリーという作家の短編を読んだことがある人いるかな。たくさんの短編小説が世に出ていて、その中でも特に有名な作品を紹介します。『賢者の贈り物』という物語です。私が君達ぐらいの子どもの頃に読んで、とても印象深く、今でもよく記憶に残っているものです。

このような文庫本がほかにもいろいろと出ています。（光文社・古典新訳文庫の『1ドルの価値／賢者の贈り物・他21編』O・ヘンリー作・芹澤恵訳を提示）

『賢者の贈り物』という物語は多くの読者に愛され、みんなの心に残る、オー・ヘンリーの代表作です。ポピュラーな短編なので、読んだことある人、あるいはドラマとか漫画とかで見たことある人が、この中にもいるかもしれません。

「賢者」とは「賢人」とも言いますが、賢い人という意味で、『賢者の贈り物』という題名は「賢い人の贈り物」という意味になると思います。英語の原題・タイトルは"The Gift of the

Magi" といいます。「賢者」というのは、新約聖書の最初の方にある「マタイ伝」に出てくる、キリストが誕生したときに贈り物を持ってお祝いに来た東方の三賢人のことを示唆しているようです。クリスマスプレゼントの起源にもなっている話のようで、この『賢者の贈り物』という物語は、その三賢人のエピソードをモチーフにして書かれたもののようです。

それでは『賢者の贈り物』のあらすじを紹介しましょう。この物語の主人公は、貧しい若夫婦です。妻の名前がデラ、夫の名前はジムといって、二人は古い安アパートに住み、慎ましい倹約生活を送っていました。けれども、何しろまだ若いので、給料もそう高くはないのでしょう。日々の暮らしがやっとで、なかなかお金が貯まりません。

お互いのことを思いやるとても仲の良い夫婦なのですが、貧乏なので、クリスマスが近づいてきているというのに、相手に贈るプレゼントを買うお金がないのです。夫のジムについての記載です。

「22歳の若さで、もう一家という重荷を背負わなくてはならないとは。コートもそろそろ新調しなくてはならないし、手袋もはめていなかった。」

ちょうど今のような時期で、冬本番を迎えているのに古いボロコートしかなくて、しかも手袋を買うお金がなくて、寒そうにしてたんだね。

ここで、みんなに忠告です。朝礼のときにも何度か言っていることです。みんなは一日のうちに何度も寮と本館と給食棟の間を往き来しています。そのときに、もうこんなに寒くなっているのに、まだ防寒コートやアノラックなど上着を着ていない人がいます。手袋をはめていない人もいて、とっても寒そうで見てられません。風邪を引いたり、シモヤケになったり、ケガや重い病気を引き起こす原因にもなり、健康を害する恐れがあります。面倒くさがらずに、外に出るときは必ず暖かい格好をしてください。伊達の薄着で痩せ我慢しているのは、自分では格好付けてるつもりかもしれないけれど、決して見栄えの良いものではないし、周りからは単に幼稚だなとか、変わり者だなと思われるだけです。季節や温度や場所や場面（作業か授業かなどの）に合った服装ができないと、一人前の自立した人とはいえません。自分の身体は自分で守ることです。特にR君、T君、ほかにもいるね、気をつけてくださいよ。

物語に戻ります。貧しいけれども、この二人には大事な「宝物」がありました。

「ところで、このジェイムズ・ディリンガム・ヤング夫妻には、たいそう自慢に思っている『財産』がふたつあった。ひとつは、ジムの祖父から父に、父からジムへと受け継がれてきた金時計で、もうひとつはデラの髪の毛だった。」

髪の毛が宝物なんだね。それからここに出てくる時計は今風の腕時計ではなくて、懐中時計といって普段ポケットに入れておくタイプのものです。

「デラのその美しい髪は、褐色の滝のように彼女の身体に沿って豊かに波打ち、つややかな輝きを放っている。膝下あたりまで達するので、まるで長い上着を羽織っているかのようだった。」

すごい豊かな髪の毛なんだね。妻のデラは夫のジムにプレゼントするお金を工面するために、その大事な髪の毛をバッサリと切って、売ってしまいます。昔は多分鬘とか作るために、そういうきれいな髪の毛が高く売れたのだと思います。髪を売って得たお金で、ジムの持っていた宝物であるお祖父さん譲りの金時計に付ける高価なプラチナの鎖を買います。ジムは普段その時計に貧相な皮紐を付けていて、恥ずかしいので人前ではあまり時計を見ないようにしていました。

一方で、夫のジムはどうしたかというと、妻のデラの宝物であるきれいな髪によく似合う櫛を買います。ここでいう櫛は、髪の毛に挿して飾りにするもので、髪飾りのことです。ジムがデラにプレゼントする場面を読んでみます。

「包みから出てきたのは、ひと揃いの櫛……結いあげた髪の後ろと横に挿せるよう、揃いになった櫛。ブロードウェイの店のショウ・ウィンドウに飾られているのをデラがまえまえから憧れの眼で眺めてきたものだった。本物の鼈甲を使い、縁に宝石をあしらった、なんとも美しい櫛だった。」

ブロードウェイというのはニューヨークの繁華街で、二人でたまにデートしていたんだと思う。ただ、お金がないから、きっとウィンドウ・ショッピングばかりしていたのだと思います。デラはその高価な櫛をショウ・ウィンドウのガラス越しに憧れの眼で見ていたのでしょう。鼈甲とは亀の甲羅のことで、高級なメガネフレームとか櫛とかの材料になります。本物は希少価値でとても高いものです。

「今や影も形もなくなってしまった、あの豊かな褐色の髪に挿すには、まさにもってこいの色合いだった。眼の球が飛び出るほど高価な櫛だということはわかっていたので、ただ切なく憧れるだけで、自分のものにすることなど夢にも思っていなかった。それが今、デラのものになったのだ。なのに、今度はその憧れの櫛を飾るべき長い髪がなくなってしまっていた。」

櫛を挿そうとしても、髪を短く切ってしまったので付けられない。皮肉な話だね。そして、今度は妻のデラが夫のジムにプレゼントする場面を読んでみます。

「ジムはまだ、彼のために用意された、あのすてきな贈り物を見ていなかった。デラはいそいそと手のひらに載せ、ジムの眼のまえに差し出した。デラの燃え立つような想いが反射したのか、鈍く光る貴金属の地肌がきらっと輝いたように見えた。『どう、ちょっと洒落てるでしょう、ジム？　街じゅう探して歩いてようやく見つけたの。これからは一日に百回ぐらい時間を見たくなるわよ。時計を貸して。きっとぴったりだと思うの。付けて見てみたいわ」

さあ、この後どうなるでしょう。この後の展開、予想がつく人いますか。ジムはそのとき時計を持っていたのだろうか。わかる人いますか。そこの部分、小説の最後の場面を読んでみます。

「時計を手渡す代わりに、ジムはソファに坐り込み、頭のうしろで手を組んで笑みを浮かべた。『デラ』と彼は言った。『ぼくたちのクリスマスの贈り物は片づけて、しばらくそのましまっとこう。今の僕達には上等すぎる。あの時計は売っちゃったんだ。きみの櫛を買うのに金が必要だったから。」

予想が当たった人いますか。随分と皮肉な話だよね。髪を売ってまで手に入れたプラチナの鎖を付けるべき時計がないし、時計を売ってまで手に入れた櫛を飾る長い髪がないなんてね。

オー・ヘンリーはこの物語の結びの言葉としてこのように書いています。

「わたしはここに、わが家の最も大切な宝物を、最も賢くない方法で互いのために犠牲にした、アパートメント住まいの愚かな幼稚なふたりの人間の、波瀾万丈からはほど遠い物語を拙いながらもお聞かせしてきたわけだが、最後にひと言、現代の賢い人たちに申しあげたいことがある。贈り物をする人たちのなかで、このふたりこそが最も賢い人たちだった、ということだ。贈り物をあげたりもらったりする数多の人々のなかで、このふたりのような人たちこそ賢明なのである。いかなる時空にあっても、いかなる境遇にあっても、このふたりほど賢明な人たちはいない。彼らこそ賢者である。」

皆さんはどう思いましたか。オー・ヘンリーの考えに賛同しますか。それとも、この二人の間に行き違いがあって、何て間が悪いんだろう、ついてないな、結局役に立たなかったのだからバカなことしたな……と思いましたか。

この二人は、本当に愛し合っていたから、相手のことをよく見ていたから、そして心が通じ合っていたから、お互いが一番大事にしている宝物をよく知っていたし、相手の宝物の価値を少しでも高めてあげようと、相手のためを思って、自分の大事にしている宝物を売りに出すという犠牲を払ってまで、心のこもった贈り物を贈ったのだと思います。

大事なのは物じゃなくて、心なんだね。髪は時間が経てばいずれまた伸びてきます。時計だって、同じ物は手に入らないかもしれないけれど、これまた時間をかけて一生懸命働いてお金を貯めれば、いつか同じような立派な時計を買うことができます。だから、二人の贈り物については、ムダになったし、ちょっと残念な結果になりましたが、でも、この二人は、本当に大事な贈り物、相手を思いやる気持ちを交換できたので、とっても幸せな二人、賢い二人だと、私は思いました。

まだみんなは年が若いので、結婚生活のことまで想像できないかもしれません。将来、君達が社会で自立して、家庭を持つことになったとき、多分最初のうちは、若い時分は、そんなにお金はありません。みんなそうです。そのような暮らしの中で、互いに相手を敬い、信頼し合い、自分自身のことよりも家族のこと、妻や子どものことを大事にできるような、そういう大人になってほしいと思います。そういう温かな家庭を築いていってほしいと、私は願っています。

クリスマスを前に、考えてみてください。今日のお話を終わります。〔1月号〕

画竜点睛

北海道家庭学校はこの冬も厳しい寒さに見舞われています。本稿を認《したた》めている今は一月三十日の朝ですが、今朝も気温がマイナス二十二度まで下がりました。そのような中で子ども達は先週一週間、自衛隊の皆さんのご指導によるスキー学習に奮闘しました。昨日はスキーの滑降競技のために平和山山頂からのコース作りを行い、今日からは雪像コンクールに向けた雪像作りに入ります。高等支援学校の入試や、春からお世話になる児童養護施設の見学に出かけた生徒もいます。皆それぞれに大事な三学期の忙しい日々を過ごしています。

三学期の始業式前日、一月十四日の校長講話の中で、「画竜点睛」の言葉を紹介しながら子ども達に語りかけました。参考までに概要を記させていただきます。

＊＊＊

新年第一回目の校長講話のお話をします。暮れの二十一日から二十四日まで、私は葬儀のために家庭学校を留守にしていました。そのため二学期の終業式にもクリスマスの大事な行事にも出られませんでした。みんなの活躍が見られず、残念に思っています。ただ、家庭学校に戻ってから、家村理事長先生はじめ多くの先生方から、今回のクリスマス晩餐会は各寮の出し物が充実していて素晴らしかったことや、大勢のお客様を迎える態度や姿勢も立派だったということをお聞きし、大変嬉しく思っています。

今年のお正月は、みんなはどのように過ごしましたか。一時帰省で家に帰った人もいれば、児童相談所に短期間戻った人もいました。それから、家庭学校に残って年末年始を石上館で過ごした人もいました。帰省はできなかったけれど、スキーやスケート、カーリングなど盛りだくさんの行事に参加して、楽しく有意義に過ごすことができたと思います。

一時帰省した人達は、迎えに行った先生とともに、九日の夜までには全員元気に戻ってきました。ＪＲの列車がシカとぶつかって、予定より遅れて戻った組もあったんだよね。みんなが冬休みの間大きな事故もなく、病気やケガをすることもなく、それぞれが安定した生活を送って、そして明るく元気に勢揃いしたことを、私は大変嬉しく思っています。

家に帰って除雪や炊事や掃除などのお手伝いをしたり、弟や妹の面倒を見たりできた。前のようにイライラして不機嫌になることがなくなった。そういうことが君達の帰省中の日記を見て、特に家族の人の書き込みを見て伝わってきました。また、家庭学校に残った人達も協力し合って楽しく生活できたことが、石上館の寮日誌を見たり、先生方からの報告を聞いてわかりました。ほとんどの人が冬休みの間も自分で自分を律しながら、安定したしっかりとした生活ができていたことがわかりました。一歩一歩着実に成長しているなと感じています。これまで家庭学校で努力してきたこ

スキー学習

と、精進してきたことが、だいぶ身になってきていると思い、大変嬉しく思っています。

さて、明日からいよいよ三学期が始まります。みんなは二学期が始まったとき、八月十八日の始業式のときに私が話したことを覚えていますか。もう五カ月も前のことで忘れちゃったかな。「家庭学校にいる間に自分自身の問題を解決できるよう、気を引き締めて生活・学習・作業に取り組んでください」と話しました。

みんなどうだったかな。前向きな姿勢で取り組んでこられたでしょうか。三学期は学年の総まとめの時期で、二カ月ほどしかない短い期間ですが、大変大事な学期です。特に、高校受験する人や、長く在籍している人にとっては、家庭学校での生活の総まとめ、集大成のときです。だから二学期と同じように、というよりもなお一層しっかりと自覚して、今この家庭学校にいる間に自分自身の問題を解決できるよう、気を引き締めて生活・学習・作業に取り組んでほしいと思います。

今日は、皆さんにある言葉を紹介します。この紙を見てください（「画竜点睛」と記した紙を黒板に貼る）。読める人いるかな。「ガリョウテンセイ」と読みます。どういう意味かわかるかな。

二番目の「竜」の字は「リュウ」だね。ここでは「リョウ」と読みます。想像上の動物で「たつ」とも言うね。「画竜」とは、竜の絵を描くという意味です。

次に、最後の「睛《セイ》」という字、「晴れ」という字に似ているけどちょっと違うよね。よく見てください。日偏じゃなくて目偏です。目の玉の中の黒い部分、ヒトミを表す漢字です。一般によく使われるのは「瞳」や「眸」という漢字ですが、この「睛」も同じ意味です。漢字の作りから見て「すみきったひとみ」という感じがするね。「点」は「つける」という意味だね。灯りをつけることを「点灯」というでしょ。「点睛」とは、「睛《ひとみ》」をつける、書き入れるという意味です。

この「画竜点睛」は、中国の故事、古い言い伝えの言葉です。ある絵の名人がお寺の壁面に竜の絵を描いていた。竜の睛を黒く塗らないで白い眼のままで残しておいて、最後にその白い眼の中に黒い墨をつけて睛を入れて完成させると、その途端に絵に描いた竜に命が宿り天に飛び去ったという故事があるようです。ビックリしちゃうね。ちょっとオーバーなようだけど、そういう言い伝えなんです。

だから、「画竜点睛」とは、ものごとを完成させるために最後の重要な部分を付け加えることとか、最後の仕上げとか、最も重要なことを意味します。ものごとを立派に完成させるための最後の仕上げという意味です。わずかなことで全体がひきたつたとえでもあります。

　多くは「画竜点睛を欠く」という形で使われます。ほとんど仕上がっているのに肝心なものが不足していることや、最後の仕上げができていないことを意味します。マラソン大会で懸命に走っていて、ゴール前の最後のところで気を許して力を抜いてしまい、後から来た人に抜かれて賞を逃してしまうなんてことあるよね。高校目指して受験勉強頑張ってきたのに、最後のところで気力や体力が落ち込んで失敗してしまう、不合格になる。あるいは、家庭学校の日課に長い間真剣に取り組んできたのに、もう少しで退所というときになって油断して、気持ちが弱くなって、失敗してしまう。そういうことを「画竜点睛を欠く」というのです。

　ものごとは何でも最後まで気を抜いたらダメなんだね。それまでの頑張りや努力が水の泡になってしまうことが、往往にしてあります。そういうことにならないように、家庭学校での生活の集大成になるよう、また、各学年での総まとめができるように、決して気を緩めないで、三学期の生活に取り組んでください。

　さっきはみんなの成長振りを褒めました。でも、実はまだ不十分な人もいます。修行が足りないというかね、まだまだ発展途上の人も、中にはいるようです。みんなは寮の仲間やクラスの仲間と仲良く協力しながら生活できているかな。他人《ひと》のことを馬鹿にしたり、からかったり、笑いものにするようなことしてないかな。ついつい気が緩んで、相手の嫌がることをしたり、言ったりしてないかな。

みんなは自分の言動に対して相手がどう思うか、考えていますか。いつも言っていることですが、「人の気持ちがわかる人」になってくださいね。「人の気持ちがわかる人」にならないと、いくら勉強ができても、仕事ができても、結局周りの人と上手くいかなくなって、学校や職場で長続きしません。社会の一員として自立した生活を送っていくことができなくなります。「人の気持ちがわかる人になること」を毎日毎日考えながら生活してほしい。家庭学校に居る間も社会に出てからも、周囲の人と仲良くしてほしい。周りの人から慕われる、好かれる人になってほしいと、私は願っています。

みんなは家庭学校に自分を変えるために来たんだよね。多くの人はあと一歩のところまで来ていると思います。まだ入所して日が浅い人でも、毎日努力を続けていれば必ず自分を変えられるし、成長できます。「過去」はもう変えられないし、「他人《ひと》」はなかなか変えられません。でも、「未来」と「自分」は、自分さえその気になれば必ず変えられます。そして、何事も最後の詰めが肝心なんだね。

今日は「画竜点睛」という言葉を紹介しました。時々頭の中に竜の絵のイメージを想い描いて、この言葉を思い出してください。最後まで努力を続けることの大切さを忘れないでいてください。

今日の話を終わります。［2月号］

家庭学校・冬の暮らし

オホーツク地方・遠軽の今冬の厳しい寒さについては前号でもお伝えしたところですが、その後二月に入ってからも最低気温がマイナス二十度前後の日が続きました。マイナス二十四度、二十三度という朝もあり、明日から春三月という今朝でさえマイナス二十度まで下がりました。私が家庭学校で過ごした四度の冬の中では最も寒い冬となっています。

雪の量も一月までは少なめだったのですが、二月に入ってから結構な降りとなり、すっかり挽回して平年並みになってしまいました。広い敷地内には生活道路だけでも二・七キロほどあり、職員がホイールローダーやブルドーザーで午前二時、三時まで除雪に奮闘した夜もありました。車輛の通り道や駐車場など広い所は職員が重機を駆使して除雪し、寮舎周りなどは朝夕子ども達がスノーダンプやスコップなどで雪掻《ゆきか》き・除雪をします。北海道ではこれを「雪撥《ゆきは》ね」と言います。

本館や寮舎などの建物の周りには雪が堆《うずたか》く積もっていきます。日々の降雪に加えて屋根からの大量の落雪もあるので一気に嵩《かさ》が増します。積もった雪が窓の高さ近くまでなると、次に屋根から落雪があったときに氷雪の塊が跳ね返って窓ガラスを破ってしまうことがあります。いつも気を付けて窓下の雪を掘り起こし除去しているのですが、間に合わないときもあります。先日も隙《すき》を突かれて音楽室の大窓が一枚割られてしまいました。

今冬は幸いなことに今のところオホーツク地方特有のドカ雪には見舞われていません。国道・道道・町道などの除雪が間に合わずに交通麻痺状態に陥って、家庭学校が陸の孤島になる事態にまでは至っていませんが、いずれにしろ家庭学校の冬の暮らしは、毎日が雪との闘いです。

一方で子ども達は雪を楽しんでもいます。一月の神社山スキー学習に続いて、二月二日には平和山山頂からのスキー滑降競技、十四日には町のロックバレースキー場でのスキー大回転競技の各大会が開催されました。学年階層別の上位入賞者には、金・銀・銅のメダルと賞状を授与しました。このあと三月に入ると、神社山スキー場の滑り納めがあります。

また、二月九日には恒例の雪像コンクールも開催されました。事前の準備として木製のコンパネを組んだ中に雪を入れて踏み固め、縦・横・高さ各二メートルの大きなサイコロ状の雪塊を作ります。各寮の前庭には生徒数分のサイコロが並び、それを十日余りかけて一人一体の雪像を作り上げます。職員と教員が各寮を回って審査し、投票で各賞が決まるのですが、今年も見応えのある雪像が多く、子ども達の美的感覚に感嘆するとともに、寒い中根気よく集中して取り組めた子ども達の成長を改めて感じました。

二十五日の日曜日は、地元の一大イベント「湧別原野オホーツククロスカントリースキー大会」がありました。去年から全校を挙げて参加しています。今年も全員が五キロコースを元気に走り抜けました。滑走している選手達は寒さも吹き飛ばす勢いなのですが、ゴール地点でカメラを構えて立っていた私には寒さが骨身に染みました。

さて、二月五日は校祖・留岡幸助の祥月命日という大事な日でした。ところが、前夜からしんしんと雪が降り続ける荒天となりました。望の岡分校の授業を終えた午後から全校登山をする予定でしたが、一向に雪の勢いが衰えません。私としては思案の末、急遽登山から遙拝《ようはい》に切り替えました。祥月命日に遙拝などという軟弱な判断は、家庭学校の長い歴史の中でもあまりないようなのですが、今の子ども達の状況ではあまり無理もさせられません。音楽室に生徒と職員を集め、全員で平和山の方角に向かって頭《こうべ》を垂れ、暫《しば》し黙想し、幸助先生の威徳を偲びました。記念碑に刻まれた幸助先生の辞世の句についても、子ども達に話しました。講話のごく一部をご披露します。

＊＊＊

今日二月五日は、百四年前に北海道家庭学校を創設された校祖・留岡幸助先生の命日です。幸助先生は一九三四年（昭和九年）、今から八十四年前の今日、ご自宅のある東京で亡くなられました。享年七十歳でした。

先生は自ら創設されたこの北海道家庭学校をこよなく愛され、敷地の中心で広く家庭学校全体が見渡せるこの平和山の山頂を特に好まれたようです。自分が死んだらこの平和山で眠りたいという思いを辞世の句として残されました。

眠るべきところはいづこ平和山（興突海《オコツクカイ》を前に眺めて）

きっと幸助先生は、この平和山の上から、五十年後、八十年後、百年後も、家庭学校で一生懸命頑張っている生徒達や先生達のことをずーっと見守り続け、励ましてあげたいという思いで、このような句を残されたのだと、私は思います。

校祖胸像綿帽子

＊＊＊

その間、軽部副校長が大きな花束を二つ背負って雪深い平和山に単独で登ってくれました。幸助、清男両先生の記念碑に花を手向けるためです。防寒着と長靴、その上にロングスパッツという万全の装備でした。ところが、普段なら一時間程で帰ってこられる道程《みちのり》なのに三時間経っても戻らず、ケータイの応答もありません。一時は「遭難」の二文字が脳裏を掠《かす》めました。でも、さすが大雪山系を庭とするアルピニストの軽部先生です。雪が相当に深かったようで疲労困憊の体《てい》でしたが、夕闇迫る頃になって無事帰還しました。全校登山を回避した判断……結果オーライでしたが、まずは安堵しました。［3月号］

作業班学習発表の講評

十一月二十六日・日曜の「収穫感謝礼拝」における「校長講話」として、直前に開催された「作業班学習発表会」での各発表についての講評を述べましたので、その概要を記載します。

＊＊＊

北海道家庭学校はこれからのシーズン雪に閉ざされてしまうこともあって、野菜や花を育てる屋外の作業が一段落したところです。家庭学校では毎年十一月の勤労感謝の日の前後のこの時期、一年間の収穫を感謝して、また、「作業班学習」を総まとめする形で、生徒全員、一人一人が別々のテーマで発表する「作業班学習発表会」というものを開催してきました。

今年は第一日目の二十一日に「蔬菜班」と「酪農班」の、また、第二日目の二十二日には「校内管理班」と「山林班」と「園芸班」の発表がありました。今年は生徒数が少なく、全部で十四人の発表でしたが、それぞれ工夫を凝らした大変素晴らしい内容でした。私としても初めて知ることも多く、とても勉強になりました。

また、今年の生徒は、どちらかというとおとなしくて元気が足りないので大丈夫かなと、内心ちょっと心配していましたが、皆それぞれが表現力豊かに、大きな声で落ち着いて発表できていました。発表態度も大変良かったと思います。普段「朗読会」などの場面で大勢の人の前で話す練習をしているので、そういうことがだいぶ身に付いてきているなと思いました。全員がそれぞれ自己ベストの発表だったと思います。堂々とした自信に溢れた君達の姿を見て、私としてはみんなの成長を強く感じ、大変嬉しく思いました。

さらには、今年の発表会も生徒の皆さんからの質問が多く出て、みんなの真剣さが伝わってきて、このことも嬉しく思いました。

それでは、生徒の発表について、発表の順番に手短に講評したいと思います。

まず、「蔬菜班」のトップバッターはK君でした。「じゃがいもについて」という題で発表してくれました。K君は入所して三カ月、まだ新入生期間が終わったばかりなので、ほかのみんなよりは作業の経験が少ないのですが、一番最初に取り組んだ野菜がジャガイモだったことで印象深く思ったのでしょう。ジャガイモのことを深く研究したようです。

世界的なジャガイモの歴史や日本国内における生産状況などをクイズ形式で問いかけたり、実際に「蔬菜班」で作った男爵とキタアカリを比べて見せるなどの工夫もあって、みんなの興味を引く、面白い内容でした。

二番手は、K君で、「トマトの病気病中対策と生育過程について」というタイトルで発表してくれました。K君こそ、今月入所したばかりなので、ほとんど実践経験がありませんが、所属する石上館担当の鬼頭先生や前谷先生が蔬菜班の指導をされていることや、元々お家が農家でトマトを栽培していたことなどもあって、トマトについて興味を持って、深く研究した内容を発表してくれました。

かなり専門的で難しい内容でしたが、よくまとめられたと思います。K君が意欲的に積極的に取り組んだ姿勢に大変好感が持てました。

次が、S君で、「野菜が給食棟に届くまで」というタイトルでした。「蔬菜班」の一年間を通しての作業の手順や流れを詳しくまとめて、わかりやすく説明してくれました。野菜の種類によっては自給率にばらつきがあることも、君の説明で改めて実感しました。

君の感想で「班の先生から『お疲れ』と声をかけられたり、給食棟に届けたときにお礼を言われたことで元気づけられた」というものがありましたが、それを聞いて私まで嬉しくなりました。君は「蔬菜班」の充実した活動を通じて自信を深め、随分と成長したなと思いました。

「蔬菜班」のしんがりがH君でした。「蔬菜班の年間作業内容について」というタイトルで発表してくれました。二月から十一月までの作業内容を月ごとに細かくまとめ、「蔬菜班」以外の人にも具体的なイメージが伝わるわかりやすい説明をしてくれました。君はこの全期間を通して実際に野菜づくりを体験してきたこともあり、大変説得力のある内容でした。

私は多くの先生方から、君が本当に一生懸命野菜づくりの作業に取り組んでいることを聞いています。「蔬菜班では小さな種が少しずつ成長して大きくなる。そのために必要な細かな作業もしっかり行う大切さ、作物を収穫する喜びを感じることができた」という君の感想が聞けて、私も大変嬉しく思いました。


次は、「酪農班」です。一番手は小学生のR君でした。「一年間の作業内容と牛のエサ」というテーマでした。一年間の作業を細かく分析して、どのような作業をどれだけやったかということを、君が算数の時間に習った円グラフを使って見事に図式で示してくれました。

去年から、給食棟や三百間道路など普段生活している場面でよく目に付く神社山での放牧が始まり、私などにも電牧線の大切さが実感されるようになりました。バターの箱詰め作業や、これから本格的にチーズづくりをする平和寮の改修のためのお手伝いもしてくれているようです。どれもこれも家庭学校にとって大事な仕事です。

R君はこれでもう三度目の発表になりました。「酪農班」としては去年に引き続いての発表で、去年の発表も私にとって大変勉強になりましたが、今年はそれにも増して立派な内容でした。R君は作業班学習を通じてとってもよい勉強をしたと思います。そして、心も身体も大きく成長しているのがわかり、大変嬉しく思いました。

「酪農班」のもう一人が、K君でした。「牛舎の一日と自分の一日」というタイトルで、牛と蔓本先生とK君の生活を表にまとめて比較するという、大変面白い発想のテーマでした。君はどちらかというと「園芸班」の方が長く、今の「酪農班」の実践経験は少ないのですが、家庭学校の酪農班や牛について細かいところまでよく調べ、深く掘り下げた内容だったと思います。

大勢の聴衆の前で自信をもって堂々と発表するK君の姿を見て、K君の「酪農班」活動が充実したものであることがわかり、君の大きな成長を感じて、私としても大変嬉しく思いました。

次は、二日目の「校内管理班」です。一番手は、R君でした。テーマが二題あって、「額縁作り」と「旧鶏舎解体」でした。R君は手先が器用で、普段の日課の中でも物作りに集中して取り組んでいることを先生方から聞いています。

額縁作りの細かな工程を、自動カンナ機、丸鋸昇降板、手押しカンナ、ノコギリ、ヤスリなどのいろいろな道具を使って行ったことを、詳しくわかりやすく説明してくれました。実際に作った額縁も見せてくれて、良い発表だったと思います。

年の初め頃に雪の重みで潰れてしまった旧鶏舎の解体作業も、いろいろな作業の合間にやっていたので、長期間かけて粘り強くそれに取り組んでくれていました。R君の作業への取り組み姿勢は大変立派だと聞いています。校内管理班の作業はヘルメット、安全靴、手ぶくろなどを身に付けて、しかも細心の注意をはらって行う必要があります。これからもそうしたことに注意しながら、ますます活躍してほしいと願っています。

次は、H君でした。「みそ樽保存小屋の修繕」というタイトルでした。もう今はない清渓寮の物置だけが残っていたものを、竹中先生の発案で味噌醸造小屋とは別に保存小屋を作ろうとしたものでした。虫が入らないように地面との隙間を大小の石やモルタルで塞いだり、外壁や屋根にトタンを貼ったり、そのために足場を組んだりなどの細かな工程を詳しく具体的に説明してくれたので、大変よくわかりました。波トタンには傘釘を使い、平らなトタンには普通の釘を使うなど、実際の模型を作って見せてくれたりした工夫も良かったと思います。

君は少し照れ屋のところがあるのですが、今回の発表では口を大きく開けてゆっくりしゃべっていたので、大変聞きやすかったです。大きな自信になったことと思います。これからもその調子で、いつも堂々と発表してほしいと願っています。

「校内管理班」のラストは、K君で、テーマは「みそ造り」でした。味噌の材料としては、大豆、米、食塩、種麹、乳酸カルシウムなどがあって、それぞれの量や金額などを分析・集計して発表してくれました。味噌造りの工程も詳しく説明してくれました。熟成期間による色や味の違いがわかるように、二種類の味噌汁をみんなにカップで配って試食させてくれるなど、大変工夫が凝らされた良い発表だったと思います。

君が家庭学校の味噌を気に入って、前にいた施設の味噌汁よりも好きだと言ってくれて、私も大変嬉しく思いました。自分自身で味噌造りに参加し、苦労したこともあって、なおさら美味しいのだと思います。「(自分が作った) この味噌の味噌汁を何年か先に (後輩達が) 飲んでくれると嬉しい気持ちになります」というK君の感想が私の心に残りました。君も立派に家庭学校に貢献しているね。

次は「山林班」です。トップバッターは、小学生のO君で、「一年間の作業」と「山の整理についてて」という二つのテーマで発表してくれました。神社山のスキーリフトの撤去や設置も山林班の仕事だったんだね。それから、このあいだも強風で給食棟の前の木が倒れましたが、倒木処理も時々あるようです。平和山登山道や礼拝堂前の草刈りや木の枝打ちなどもあるし、登山道の土が雨水で流されないように排水用の溝掘りもしたんだね。冬場は風呂焚きに使う薪用の材出しも大事な仕事なんだね。山林班の仕事が多岐にわたっていて大変忙しいことを、私はO君の発表を聞いて改めて認識しました。

木の切り方、枝打ちの仕方などもクイズ形式で示してくれて、わかりやすい説明でした。しっかりと声が出ていて、はっきりと聞き取れる立派な発表で感心しました。

次は、T君で、「植樹について」と「展示林・山の動物について」の二題でした。植樹の目的について、生活に必要な木を増やすことや、切った分減らないように増やすこと、治水や二酸化炭素の吸収などがあるという君の説明から、植樹が大変大事であることが伝わってきました。今話題になっている東京オリンピックの展示林が家庭学校の森にあることについても説明してくれたことは、大変良かったと思います。

サービス精神旺盛な君の性格からなのでしょう。会場を盛り上げるために、山の動物についてクイズ形式で発表していましたが、残念ながらちょっと軽すぎるようにも感じられました。場面や目的や相手をよく考えながら、ユーモアを上手に使えるように、もっともっと研鑽を積んでほしいと思います。

次は、中学生のR君でした。「登山道の溝掘りについて」と「山林班で使用する道具について」の二題でした。登山道の土が雨水で流されないようにするために溝掘りが大変大事だということを、図解して説明してくれました。作業の手順も詳細に説明してくれたので、大変わかりやすい発表でした。

山林作業で使う道具も実物を見せながらの説明でした。まだ経験が浅いので、完全には覚えきれていないようでしたが、これからこれらの道具を使ってばりばり活躍してください。

最後が、「園芸班」です。まず、S君です。「２０１７園芸Story」というタイトルで、園芸班の一年間の活動を紹介してくれました。君は去年の発表は「酪農班」でのものでしたが、そのあと三学期、一学期、二学期と、この一年間「園芸班」の活動に邁進してきたので、一年間の集大成となる発表でした。家庭学校の四季折々の様子が、君の発表で鮮明なイメージとなって伝わってきました。

校門横の大花壇については、家庭学校の顔でもあるし、除草なども大変で、維持管理に苦労していることと思います。多くの生徒が夏の帰省で留守にしていたときなどに、留岡自治会長の関根さんがお世話をしてくださっていたことを君はちゃんと覚えていて、今回の発表で君の口から感謝の言葉が聞かれました。生徒の代表として君がそのような心配りができるようになったことも、私は大変嬉しく思いました。また、この春巣立っていった先輩が、たしかK君だったと思うけれど、去年の発表の中で述べた「花の気持ちを考えて植えてほしい」という素晴らしい言葉を、君はしっかりと覚えており、その意思を引き継ぐ決意も述べてくれました。

丁寧に作り込んだプレゼン資料も見やすかったし、説明の手順や間合いも良く、きっと何度も構想したり、練習したりしたのでしょう。非常に完成度の高い、素晴らしい発表だったと思います。高校に行ってからも、社会に出てからも、今の気持ちを持ち続けてください。「人の気持ちも花の気持ちもわかる人」であり続けてくれることを願っています。

そして、全体の大トリが、S君でした。「パンジーのことについて」と「ネナシカズラ・スベリヒユについて」の二題でした。パンジーは君の「園芸班」活動の中で最も印象深い花であり、ネナシカズラとスベリヒユは大変手強い雑草で、草取り作業に苦労したのでこのテーマを選んだんだね。

パンジーの話の中で、S君の口から大先輩の齋藤先生の名前が出てきて、私としても大変嬉しく思いました。我々は今、家庭学校の素晴らしい伝統を引き継いでいるんですね。君の意気込みが伝わってきたように思いました。今日の発表は深く掘り下げて研究した内容だと思うし、しっかりと落ち着いた発表姿勢で、とても聞きやすかったです。

以上で、生徒一人一人への講評を終わります。

こうやってみんなで協力し合って、家庭学校を暮らしやすくし、みんなの作業の積み重ねが家庭学校を支えているのだと思います。世の中もそのようにして成り立っているのだと、私は考えています。それぞれ一人一人の仕事や役割が社会を支えているのです。家庭学校でそうした力を身に付けて、自信を持って社会に巣立っていってほしいと、私も先生方も願っています。

今年の発表会も大変充実した素晴らしい内容でした。二週間の準備期間と二日間の本番、生徒の皆さん、本当にご苦労様でした。指導に当たった先生方、大変有り難うございました。

そして何よりも、一年間を通じて、雨の日も風の日も、子ども達に寄り添い励まして、懇切丁寧にご指導いただいた先生方に、今日は日曜なので分校の先生方はここにおられませんが、全ての先生方に、心より感謝申し上げます。〔収獲感謝特集号〕

5

平成 30 年度
(2018 年度)

国沢林皆伐（桜植樹）

アイデンティティー

家庭学校の豊かな森で子ども達と暮らすようになってから丸四年が経過しました。「ひとむれ」の巻頭言も第八九九号から担当しており、四年の間に月刊号と特集号合わせて五十一本の拙文を書かせていただいています。

札幌からの単身赴任生活ということで、二百六十キロ離れた我が家との往復や講演依頼の対応などにマイカーのハイブリッド車を駆使して四年間で八万キロ、地球二周分を走行したことになります。

そこで、四周年記念などという大仰なものでもないのですが、今号は少し趣を変えて、私自身の個人的な話も織り交ぜながら書かせていただくことにします。

妙なタイトルの「アイデンティティー」とは英語の "identity" をそのままカタカナにしたものです。三月十一日の校長講話の中で、この「アイデンティティー」というキーワードを示しながら子ども達に語りかけました。参考までにその一端を記させていただきます。

＊＊＊

今年度最後の校長講話のお話をします。今ここに居る生徒の中には、卒業式や修了式が終わったら退所していく人が結構いて、その人達には餞《はなむけ》の言葉として贈りたいと思います。もちろん残る人もたくさんいるので、生徒みんなの心に長く残ってほしいと思うことを、今日は話してみたいと思います。私のこれまでの人生の中で、悩み苦しみながら考え続けてきたことでもあります。少し難しいかもしれませんが、聞いてください。

今日の話は「アイデンティティー」という言葉がキーワードになります。この言葉、あまり聞いたことないでしょ。今は日本語にもなっていて、辞書の広辞苑にも載っているのですが、元々は英語で、英語のスペルは〝identity〟と書きます。

アメリカの精神分析家のエリク・エリクソンという先生が、今から七十年くらい前に提唱した言葉で、その後急激に広がり、心理学や精神分析の世界では一時大流行しました。私は今から四十年以上前の大学生の頃に心理学を少し勉強したのですが、この言葉を「アイデンティティーの危機」という言い方でよく使っていました。私自身がその頃「アイデンティティーの危機」を感じていたので、毎日意識して、それこそ呪文のように唱えていた言葉です。広辞苑に何と書いてあるか読んでみるので、聞いてください。

①「人格における存在証明または同一性。ある人が一個の人格として時間的・空間的に一貫して存在している認識をもち、それが他者や共同体からも認められていること。自己同一性」

②「ある人や組織がもっている、他者から区別される独自の性質や特徴。［例］『企業のアイデンティティーを明確にする』」

でも、聞いてもよくわからないでしょ。読めば読むほどわかりにくくなるような説明だよね。端的に言えば、もう少し簡単に言えば、自分は何者であるか、私がほかならぬこの私であるその核心は何か、という自己定義のことです。これでも難しいかな。

みんなはこのアイデンティティーの問題で悩んだり迷ったりしたことないかな。僕は誰なんだ、何者なんだ、どこから来たんだ、何になろうとしてるんだ……という具合に。えっ、そんなことわからないの、自分は自分でしょ……って、みんなは思うかもしれない。多くの人は青年期になって、高校を卒業するくらいの年齢になって思うこと、悩むことなので、まだみんなは「アイデンティティーの危機」には直面していないかもしれません。

でも、どうだろう。よくよく考えてみると、自分って一体何者っ……て、思わないかな。例えば自分のルーツが完全にわかる人って、まずいないと思います。自分の先祖を考えたときに、お父さんお母さん、お祖父さんお祖母さんくらいまではわかるかもしれないけれど、そのもっと前になると、殆どの人はわからないと思う。先祖を遡っていくと、江戸時代や平安時代などキリがないからね……。

それから、どうだろうか。自分って、勉強嫌いな人間だよな、勉強できないよなって思っていたけど、家庭学校に来て望の岡分校の授業を受けて、勉強好きになった人いるよね。勉強に自信がついた人いると思う。そしたら、自分の定義が変わるよね。

俺は悪いヤツだって思ってた人いないかな。学校さぼったり、お店の物盗んだり、壁や物を壊したり、人に意地悪したり、嘘をついて騙したり、そういうことしてきた人、いると思う。それで周りからも、不真面目な生徒だ、悪いヤツだ、嘘つきだ、意地悪だ、とんでもないヤツだなんてよく言われてきたので、自分でも俺は悪い人間だ、ダメなヤツだと思っていた人いると思う。

でも、どうかな。家庭学校で一年、二年生活する中で、自分を変えようと努力してきて、さっき言ったような欠点、悪い癖を直すようにした。その結果、先生からも、周りの生徒からも、親からも、みんなから認められるようになって、好かれるようになって、真面目な生徒だ、良い人だ、楽しい人だ、頼りになる人だと言われるようになって、あれっ、俺ってダメなヤツじゃなかったんだと思うようになった人、きっと多いと思います。

自分のことをよーく見つめると、いろいろと深いものがあるんだね。どうやら簡単にわかるもの、決めつけられるものではないようです。これから君達が大人の年齢に近づいていって、高校に行って、社会に出て、あれっ、自分って一体何者なんだろう、何に向いてるんだろう、どんなふうに生きていけばいいんだろうと、思うことや迷うことがきっとあると思います。例えば、自分がどんな仕事に向いているのか、就職するとき迷うと思います。もう将来の夢や目標を持って、どんな仕事をするか決めている人もいるかもしれないけれど、殆どの人はまだ決まってないと思う。自分がどんなことに向いているか、どんなことに価値を見出せるか、どんなことをすると長続きするか、楽しく充実して過ごせるか、社会や人のために役に立てるか、まだまだ自分のことがわからないと思います。

だから、早計に判断したり、早合点してはいけないんだね。投げやりになって、どうせ俺はダメなんだなどと決めつけないでほしいし、いつも自分自身を見つめて、自分が自分らしく生きていくためにはどうしたらいいかを考え続けてほしいと思います。それが「アイデンティティー」を考えるということです。

将来「アイデンティティーの危機」に陥ったとき、悩んだときには、それって、人が成長していくためにとっても大事なことなので、あっ、俺にも「アイデンティティーの危機」が来たと思って、真剣に自分の人生を考える切っ掛けにしてほしいと思います。

自慢じゃないけど私などは、思春期の頃から、青年期から、大人になって社会に出て仕事をするようになってからも、何度も何度も「アイデンティティーの危機」に陥っています。あー、俺ってこんなことをするために生まれてきたんだろうか、今の仕事でいいんだろうか、今やっていることにどれだけの意味があるんだろう、もっと自分に合う仕事があるんじゃないだろうか……なんて、何度も何度も悩んできた人生です。ちょっと恥ずかしいんだけどね……。

でも、今は、君達と一緒に家庭学校で頑張っている生活に、人生の意義を感じています。自分のアイデンティティーを感じています。

人生、生きてる限り悩みは尽きません。真面目に真剣に考えれば考えるほど、人間は悩み苦しみ、そして成長していくものです。礼拝堂の『難有』、覚えているよね。平坦な道を苦労せずに楽に歩く、そんな簡単な人生などありません。困難に遭って、悩んで苦しんで、それを乗り越えて成長していくのが人生だからね。

社会に出て、万一悪い誘いを受けたとき（残念ながら世の中には悪い人、情けない人、心の弱い人もいるものです）、そんなときには「アイデンティティー」を思い出してください。自分はそんな人間じゃない、自分の人生は自分で考えて決める、世の中を明るくする、周りの人の心を温かくする、みんなを幸せにする、そのために自分の人生があるんだと、信念を持って自分の道を進んでください。

それと、最後にもう一つだけお話しします。今日、三月十一日は、今から七年前に東日本大震災があった日です。東北地方で大きな地震と津波があって、たくさんの人が、誰も予想もしていなかったのに、あっという間に命を落としました。その中には子どもや若い人もたくさんいました。人生は長いんだと思っていても、別に人は年齢順に死んでいくわけではありません。ある日突然、人生最後の日がやってくるかもしれません。だから、自分らしい人生を全うするために、いつも自分が納得のいく生活をしてください。後悔しないように、一日一日を大事にして、真剣に精一杯生きてください。

世の中には絶対とか必ずということはないんだけれど、例外があります。生命《いのち》。人は必ず死にます。人生には限りがあります。寂しいようだけれど、限りがあるから人生は美しいんだよ。大事なんだよ。

今日は陽射しも強くなって、だいぶ春の兆しが見えてきました。巣立っていく人も、残ってもう一頑張りする人も、生徒も先生も、みんなそれぞれに頑張っていきましょう。今日のお話を終わります。

＊＊＊

さて、「アイデンティティー」の問題は人類普遍のテーマ（特に青年期の）なので、文学作品でもよく取り上げられています。三田誠広の『僕って何』などはタイトルもずばりそのものです。そのほかにもJ・D・サリンジャーの『ライ麦畑でつかまえて』や庄司薫の『赤頭巾ちゃん気をつけて』などという作品がアイデンティティーの危機と青年期モラトリアムの問題をモチーフにして書かれています。どれも古くてすみません。何しろ私の青春時代の愛読書なので……。

思い起こせば私はこれまでの人生の中で幾度もこのアイデンティティーの危機に直面してきました。アイデンティティーの問題は、とりわけ青年期に顕在化すると言われていますが、私の場合は、思春期に始まり、青年期、壮年期、そして白頭の今日に至るまで、人生の節目節目でこのアイデンティティーの問題に苦悩し続けてきたように思います。

家庭学校に来るまでの私は、三十四年ほど北海道庁に勤務していました。道庁の行政マンの場合、通常二~三年ごとに異動があり、時には全く違う分野に配置転換されることがあります。私の場合はそれが特に極端で、最初こそ児童相談所で児童のケースワークなどに従事していたのですが、その後を順に辿っていくと、本庁で社会福祉法人・公益法人の認可・指導、福祉行政全般の企画調整、災害救助、道民生活白書・道民生活指標の作成等に関わり、上川支庁で生活文化・スポーツ・消費者問題・危険動物などを担当、本庁で消費者協会・生活協同組合の指導・監督、成人病対策、がん検診センター建設、道の長期総合計画の策定、社会福祉協議会・民生委員・共同募金会等の指導・監督、後志支庁で社会福祉法人・施設の指導・監督・整備、介護保険事業者の認可・指導、各種福祉団体の指導・監督、道議会事務局で各種委員会担当、本庁に戻って高齢者保健福祉対策など、それこそ何の脈絡もなく転々と異動しました。将にローリングストーン状態で「転石苔を生ぜず」を地でいったというのが実感です。

どの部署の業務にも精一杯取り組んできたつもりで、それなりの充実感、達成感、仕事の喜びを味わうこともできましたが、何か今ひとつ腑に落ちない……、自分らしくない……、本当に自分がやりたいことはこれなんだろうか……という疑問や違和感が、いつも心のどこかに引っかかっていたような気がしています。

そんな私のアイデンティティーも、お陰様でこの十三年ほどは安寧の日々が続き、気持ちよく違和感なく仕事に邁進することができています。道庁在職時代の晩年は二十年ぶりに児童福祉の現場に戻ることができ、旭川肢体不自由児総合療育センター、岩見沢児童相談所、向陽学院、中央児童相談所で九年間、子ども達と直《じか》に接し、子どもとその家族が幸せになっていく様子を間近に見ることができ、こんなにやりがいのある仕事はないと思っていました。その延長線上に今の家庭学校があります。きっと私の性に合っているのでしょう。道職員のスタートが岩見沢児童相談所の五年間でした。その後本庁や支庁の行政マンの仕事が続き、随分と遠回りはしましたが、十三年前に自分のアイデンティティーを確信できる児童福祉の仕事に再会し、それを続けてこられた幸せを感じています。

長々と個人的なことを書いてしまいましたが、私のようにアイデンティティー過敏症でないまでも、誰にでも多かれ少なかれこのアイデンティティーの問題は生じるものと思います。子ども達も親達も家庭学校の職員も分校の先生方も、アイデンティティーの危機に直面し、苦悩することが必ずあると思います。

特に児童福祉施設で過ごす子ども達の場合は、自分はどこから来たのだろう、自分はいったい何者なんだろう、自分はここに居ていいのだろうか、自分が存在する意味は何だろう等々の疑問が次々と心の中に沸き上がってきているのではないでしょうか。

人間はアイデンティティーの危機に直面し、それを乗り越えながら成長していくものだと思います。家庭学校の礼拝堂の正面に掲げられた『難有』の額は、もしかしたらこのことにも通じているのかなと、私は最近考えています。家庭学校はアイデンティティーの危機に直面した子ども達がそれを乗り越えながら成長していく場所であり、モラトリアム（猶予）の期間でもあるのではないでしょうか。

子ども達一人ひとりの個性とアイデンティティーを尊重し、健やかな成長と自己実現のために皆で力を合わせて子ども達を支えていきたいと念願しています。

家にも学校にも地域にも前の施設にも居場所がなかった子ども達に、「あなたはここに居ていいんだよ、大切な存在なんだよ、だから自分を大事にしてね、高校を途中で辞めないでね、きっとあなたに相応《ふさわ》しい仕事が見つかるよ、……」と繰り返し繰り返し語りかけながら。［4月号］

「国沢林」皆伐

家庭学校の校門を入って本館まで続くメインストリートは八百メートルほどの長く緩やかな坂

道です。その中程に鳥瞰図を描いた大きな案内板があり、そこを左折すると左前方に給食棟があります。給食棟を含むその一画は「国沢林」と呼ばれ、戦前の「財団法人家庭学校」の理事長だった国沢新兵衛を記念して造成された林です。

国沢新兵衛という人は、校祖即ち初代校長・理事長だった留岡幸助と同年の元治元年（一八六四年）生まれの人で、帝国大学の工学科を卒業した後各地の鉄道会社で鉄道技師として勤務した工学博士のようです。大正八年（一九一九年）には満鉄総裁、翌大正九年（一九二〇年）には衆議院議員にもなった歴史上の人物で、盟友の留岡幸助とともに国鉄の石北本線の敷設にも多大な貢献があったと伝えられています。家庭学校の理事長に就任したのは、留岡幸助没後五年を経過した昭和十四年（一九三九年）のことです。第三代の今井新太郎校長の時代でした。

「国沢林」について、本法人の評議員の佐藤京子・元博物館長に調べていただいたところ、昭和二年（一九二七年）にまずカラマツが植樹されており、昭和十九年（一九四四年）にはそのカラマツを伐採して新たにトドマツが植えられた経過があることがわかりました。このときのトドマツが成長して大木の林となったものが昨今我々が目にしてきた「国沢林」のようです。

この「国沢林」のトドマツ林ですが、実は近年は強風で大木が倒れる被害が続出しており、頭を悩ませておりました。元来この一帯は重粘土質の土壌のために樹木が根を深くはわせることができないようなのです。それに加えて七十余年の歳月を経て枝振りの良い大木に成長したことから風をまともに受けるようになり、少し強風が吹くと根元からバッタリ倒れてしまう事態になったようなのです。倒れた木の根を見るとお煎餅のように薄っぺらく円盤状に広がっています。トドマツが強風で倒れるときに電線を切ったり、路を塞いでしまう被害が頻発していました。万一そこをクルマが走っていたり、子ども達が歩いていたりして下敷きにでもなったら一大事です。危険回避が喫緊の課題となっていました。

そこで、この際思い切って整理して処分してしまおうと考えました。地元の造林会社の協力を得て、四月の十九、二十日の二日間で「国沢林」を皆伐し、その一画を大きな広場にしました。給食棟の横が広々として実に壮観です。

さて、そうなると歴史と伝統の「国沢林」はなくなってしまったのか。ご安心ください、新しく生まれ変わる予定です。

実は地元遠軽町内の支援者のご協力により、桜の苗木を二百五十本ほど寄贈していただくことになり、それを五月十二日に家庭学校の子ども達や職員とともに大勢のボランティアの皆さんで敷地内に一斉に植樹をしていただく手筈になっているのです。「国沢林」の広場にはその内の百五十本ほどをまとめて植えるつもりで、今度は桜並木の「国沢林」として生まれ変わり、将来の「花見の会」の会場にできたらと考えています。

以前にも巻頭言でお伝えしましたが、現在老朽化した給食棟を全面改築する計画を進めており、いよいよ今年度から実行に移したいと考えています。毎日全校生徒と職員と教員が一堂に会して昼食を摂る場所であり、また、毎月の誕生会や大勢のお客様をお招きする創立記念日の昼食会、クリスマス晩餐会などの会場ともなる給食棟は家庭学校にとって大変大事な場所です。新しい建物にはテラスや大きな窓を備え、そこから「国沢林」の桜並木と神社山の放牧地にのんびりと草を食《は》む牛たちを眺めながらゆったりとした時間を過ごすことができるオアシスのような給食棟にしたいと考えています。

家庭学校の敷地は門の周りに塀も柵もなく、いつでも誰でも出入り自由にしてあります。礼拝堂や博物館などを見物に来られる方もおられますし、特に今の季節は山菜採りや野の花・高山植物の観察、バードウォッチングなどの目的で来られる方も少なくありません。北海道家庭学校の百四年の歴史は地域の開拓の歴史とも重なり、校祖留岡幸助をはじめとした多くの先達の地域貢献により、お陰様で家庭学校は地域の皆さんから愛され、誇りとされる存在となっています。

平成二十八年には北海道家庭学校の広大で豊かな森が北海道から「北の里山」としての指定を受け、登録されています。市街地から近く、アクセスも良好な北海道家庭学校の深く豊かな森をもっともっと多くの方に楽しんでいただきたい、気軽に触れていただきたい、身近な学びの場にしていただきたいと、私たちは念願しています。地元のボランティア団体などとの協働による地域に根ざした息の長い里山づくりを目指してきたところで、今回の桜の植樹はその一環であり、

「北の里山」を具現化するものです。

さて、昨年から始めたドローンの飛行実験ですが、空撮映像を北海道家庭学校の公式ウェブサイト「家庭学校へようこそ」にたくさんアップしていますので、是非一度スマホやパソコンで覗いてみてください。生徒と先生がアリか豆粒のように見える植林の全校作業風景や礼拝堂を真上から見下ろす迫力のある動画、東京ドーム九十個分にも相当する広大で豊かな森の四季折々の風景を、大きな広がりを持って観ることができます。

再生の森・北海道家庭学校の里山に、皆さん、是非遊びにいらしてください。［5月号］

「小舎夫婦制」について

北海道家庭学校では現在「小舎夫婦制」の三つの寮に十三名の児童が暮らしています。この「小舎夫婦制」というシステムは、創立当初から「家庭であり学校であること」を目指してきた北海道家庭学校が嚆矢《こうし》となっています。かつては全国の教護院の大多数が「小舎夫婦制」を採用していました。

ところが、適時に適材が得られないことなどから、時代の変遷とともに交替制への転換が進み、

掬泉寮母

現在「小舎夫婦制」を維持している児童自立支援施設は全国的に見て三割程しかありません。北海道内は辛うじて三施設が全て「小舎夫婦制」であり、国立の二施設のほか、関西の多くの施設がこの制度を維持しています。

児童自立支援施設にやって来る子ども達の中には、家庭環境に恵まれず、特定の大人（一般的には両親）との間で愛着関係が十分に形成されなかった児童が多く含まれています。幼少期の愛着形成不全が思春期になってからのいろいろな問題行動につながっているケースが多いように思われます。人の気持ちがわからない、推し量って感じ取ることができない、いわゆるコミュニケーション能力に劣る子ども達が大勢います。愛着障害や発達障害による精神的な問題が原因として考えられています。

そういった児童にとっては、疑似家庭のような「小舎夫婦制」の寮の中で、特定の大人（寮長・寮母）との間で愛着関係が形成され、濃《こま》やかに育ち直りを支えられることが、心身の成長に大変有益であり、「小舎夫婦制」には大変大きなメリットがあります。

ただし、デメリットもあります。寮の運営がある程度夫婦職員のみに任される形になるので、寮がブラックボックス化して周囲から見え難くなり、寮運営が恣意的なものに陥って、時に寮生への不適切な対応が惹起される懸念もあります。

でも、そうしたことは十分に克服できるはずです。「小舎夫婦制」の施設だからといって寮担当のみで仕事をしているわけではありません。本館職員もいれば分校教員もいます。施設長など管理職が朝礼や日課や寮日誌やケースカンファレンス等々を通じてリアルタイムに子どもの様子を把握し、組織として的確に業務を遂行してさえいれば、「小舎夫婦制」は何ものにも替えがたい最良のシステムであると、私は確信しています。

あとは担い手です。実は当校でも現時点で寮担当の夫婦は二組しかおらず、一寮は独身の寮長と通いの寮母で運営する形で何とか凌いでいるところです。志と決意を持った夫婦職員を求めています。［6月号］

児童自立支援施設について

北海道家庭学校には大勢のお客様が来られます。歴史研究や観光を目的とする方、野の花や野鳥の観察など里山を楽しむ方、山菜採りやキノコ採りといった実益を求める方もおられますし、ドングリ拾いの幼稚園児や遠足の小学生、社会見学の高校生などもいて、多種多様です。

ただし、何と言ってもお客様の中心は児童の自立支援と感化教育の第一線の現場を体験したい、勉強したいということで「視察・見学・実習・研修」に来られる方々で、児童福祉や少年司法の業界関係の皆さん、さらには大学や専門学校等の研究者、教員、学生の皆さんなどです。そうした業界関係者や専門家（あるいはその卵）の方々には、私自身が広い校内をご案内しながら説明や講義をさせていただくことが多くなります。また、要請を受けて出掛けて行って講義や講演の形でお話しする機会も増えてきており、家庭学校の校長の仕事はさしずめ接客業かなと思うことがよくあります。

そうした際に私がよくお話しすることの中に、児童福祉の考え方や児童自立支援施設としての北海道家庭学校の特性、役割、活動内容などがあり、基本的なことも含めなるべく具体的に詳しくお伝えするように心掛けています。今号では私が繰り返しお話ししていることの中からいくつかご紹介することにします。

まずは、児童自立支援施設の特性です。この施設種別には一九〇〇年の感化法の制定以来の百十八年もの長い歴史があります。感化院、少年教護院、教護院と変遷し、この二十年ほどは児童自立支援施設と呼ばれています。長い歴史の割りには一般の方に施設の特性があまり知られていないように思われます。入所児童の匿名性や個人情報の保護に腐心するあまり児童自立支援施設側からの情報発信が十分に行われてこなかったことが影響しているのかもしれません。何となくよくわからない暗いイメージの施設と思われる方が多いのではないでしょうか。

一般の方どころか、入退所の措置を司る児童相談所でさえも児童自立支援施設の本質を十分に理解されていないように感じられることがあります。「愛着形成や育ち直しのために良い環境ならパーマネンシーの保障の観点からもなるべく長く置いてもらいたい」、反対に「高校進学までの間半年だけ預かってほしい」、「親が引き取りを求め本人も出たがっているので早期に退所させたい」等々の的外れな要求に閉口することもあります。児童との間で勝手に退所予定の話をすることなどは言語道断です。単純養護ケースとは違うのですから。自己決定が揺らいだ子どもと同意撤回に傾きかけた保護者に対して児童自立支援施設と連携して粘り強く説得を続けることこそが児童相談所の最も重要な仕事であることをゆめ忘れないでいただきたいものです。

地域や学校や施設からも困った要望を突きつけられることがあります。「あの子の影響でまたウチの学校が（施設が）荒れてしまうので、卒業まで戻さないでほしい」、「もっとしっかり矯正教育をしてもらわないと困る」、「無断外出事故が起きないよう厳重に管理すべきだ」等々です。「進学のために作業よりもっと受験勉強をさせるべきだ」という声も、最近では稀に保護者や学校の先生の一部から聞かれるようになりました。

児童自立支援施設は児童福祉法に基づく児童福祉施設の一類型で、児童養護施設や里親、児童心理治療施設などと同様に「社会的養護が必要な児童」を対象としています。入所に際しては児童の人権に配慮し、必ず本人の自己決定と保護者の同意が必要であることも同様です。

では、児童自立支援施設は児童養護施設や里親などとはどこが違い、どのような子どもが対象となるのでしょう。端的に言えば、児童養護施設や里親宅は「生活の場」であり、児童自立支援施設は「指導・訓練の場」という違いがあります。

前者の場合、子どもは施設や里親宅が所在する地域の学校に通い、地域社会の中で成長していきます。プライバシーも尊重され、お金や通信手段、個別の活動などの自由も年齢相応に保障されます。当然のことながら、地域の学校に安定して通学でき、暴力や窃盗や深夜徘徊などの大きな問題を引き起こさないことが前提条件となります。パーマネンシーの保障の観点からは、同一施設への在籍期間は長いほど良いと考えられています。

児童自立支援施設の場合は、子どもの生活空間は施設の敷地内に限定されます。地域の学校に順調に通学できそうもなく、地域での暮らしへの不安が払拭できない児童が対象となるからです。お金やケータイも持てず、通信も制限されます。常に全体の日課に合わせた集団行動が求められ、プライバシーも相当程度制約を受けます。

寮舎や給食棟での豊かな食生活や施設内分校の教室での懇切丁寧でわかりやすい学習指導の恩恵を受け、生活指導や作業指導により規則正しく勤勉な生活態度が身につき、愛着関係が有効に形成される「小舎夫婦制」の寮での暮らしならば、入所期間は長い方が良いのではと早合点される方もたまにおられますが、前述したとおり行動の自由やプライバシーが大幅に制限される厳しい環境での暮らしはせいぜい二年半が限界と思われます。四六時中大人から護られ過ぎる環境では子どもの自律心も十分に育ちません。北海道家庭学校においても、他の全国の児童自立支援施設においても、平均在籍期間は一年半というところです。短すぎてもいけません。続きは次号に記載します。[7月号]

環境療法

児童自立支援施設入所児童の平均在籍期間は一年半ほどですが、中には若干短い場合もあります。高校進学のタイミングで何とか巣立たせたいとの思いから、一年に満たない場合でも退所させるケースが少なからずあるのです。そうしたケースも含めての平均一年半ですから、在籍期間の目安は概ね二年が基本であり、また理想かなと、私は考えています。

毎日繰り返される生活指導や作業指導の日課の中で、一年目の児童（後輩）が二年目の児童（先輩）の生活振りや作業振りを見ながら、所作を真似しながら、少しずつ感化されていくというのが児童自立支援施設におけるグループダイナミックスの醍醐味であると、私は考えています。

したがって、半年だけ預かってほしいなどという要請には応えられません。児童自立支援施設は単なる生活の場ではないからです。育ち直しの時間が足りなければ愛着形成や自己変革が十分に行われず、指導・訓練の効果が顕現しません。稀に保護者の強い要求により道半ばで引き取られるケースがありますが、予後は良くありません。また、子ども集団の中には先輩・後輩の立場や役割もあるので、まだまだ未熟で不安定で問題の多い後輩が先に退所していくのでは、集団の秩序が保たれず、各人の士気も上がりません。

反対に在籍期間が長くなり過ぎてもいけません。自律心（自立心）が育たない弊害もありますし、そもそも長ければ長いほど良いというものではないのです。能力的な問題や非行特性などの要因も絡んで二年在籍時点で成長が頭打ちになっている子どもを、三年、四年と延長して児童自立支援施設という窮屈なシステムの中に囲い込み続けても、それ以上の成長は期待できないというのが、私の実感です。一定の成長を確認した上で、次のステップに進めてあげることが大事です。

そのようなわけで、児童自立支援施設の在籍期間は初めから定められているものではないのですが、結果として一年半から二年という期間に収斂《しゅうれん》していくものなのです。そこで、入所措置を決める児童相談所も、受け入れる我々施設側も、もちろん児童本人も保護者も、一年半後、二年後を見据えての共通の自立支援計画を描くことが肝要です。場合によっては原籍校や元の施設・里親、さらには地域の関係機関なども含めた多くの関係者の理解が必要です。一年半後、二年後にはその子どもが戻ってくるという大前提を頭に描いて、本人の家庭学校での成長振りと留守家庭の変容の様子を皆で温かく見守ってほしいと、私は願っています。

少年司法分野における少年院とは指導の手法が大きく異なります。同じ年頃の非行傾向のある子どもに対応している初等少年院、中等少年院の場合は、六カ月程度とか十一カ月程度とか、予め収容期間が設定されています。児童自立支援施設の平均在籍期間よりは遙かに短い期間です。少年院では短期的集中的に、より強い指導をしているものと思われます。

「矯《た》める」という言葉があります。「曲がっているのを真っ直ぐにする。また、真っ直ぐなのを曲げる」という意味です。「矯正《きょうせい》」という言葉もあります。「欠点を直し、正しくすること」という意味で、この「矯める」とか「矯正」という言葉をインターネットで調べると、①「盆栽」と②「歯医者」と③「少年院」が次々にヒットします。①には、枝振りを良くするために針金などで強く引っ張っている盆栽の写真が出てきます。②には、少子化の昨今大繁盛している「歯列矯正」という歯科治療技法の宣伝が出てきます。

そして③の少年院は、「矯正教育」ということで登場します。「犯罪または非行を犯し、またはそのおそれのある者を矯正し、社会の一員として復帰させる教育」を意味するこの「矯正教育」こそが少年院独自の指導・訓練の手法なのです。①から③の三項目全てに共通する点は、かなりの力業《ちからわざ》ということだと思います。

「矯正」と同じ音の響きの言葉に「強制」があります。「威力・権力で人の自由意思を抑えつけ、無理にさせること。無理強い」という意味です。児童福祉の考え方・手法は「矯正」でも「強制」でもないため、児童自立支援施設においては「矯正教育」は行っていないのです。

では、児童自立支援施設においてはどのような形で指導・支援が行われているのか。中国の古典にヒントがあります。「荀子《じゅんし》」と「史記」の中に次のような四文字・二行の言葉が出てきます。

蓬生麻中
不扶自直

読み下すと「よもぎまちゅうにしょうずれば、たすけずしておのずからなおし」となります。意味としては「ねじれたり曲がったりして伸びていく『蓬《よもぎ》』も、真っ直ぐに伸びていく性質のある『麻《あさ》』の中で育っていくと、何も手を加えなくても『麻』と一緒に真っ直ぐ伸びていく」ということのようです。「子どもを良い環境に置けば、大人が力を加えて引っ張ったりしなくとも全てが真っ直ぐ正しく伸びていく」という意味で、この考え方は言うなれば『環境療法』です。

私自身もこの『環境療法』こそがまさしく児童自立支援施設の根本精神であり、指導・支援の基本的な手法であると考えています。家庭学校に来るまでの多くの子ども達はＴＶゲームに夢中になって昼夜逆転の生活を送り、学校をさぼり、言葉や着衣が乱れ、食べ物を粗末にする、そんな生活をしています。家庭学校の素晴らしい環境の中で先輩達の真似をしながら「能く働き、能く食べ、

能く眠り、能く考える」生活を送ることによって、子ども達は大きく成長していくのです。［8月号］

東京五輪「展示林」

望の岡分校の夏休みの中で一時帰省して故郷の空気を吸ってきた子ども達も、家庭学校に残って外出行事などを楽しんだ子ども達も、十五日の晩には各寮に勢揃いしました。各人の表情や日記等の内容から、それぞれが有意義に安定した日々を過ごせたことが窺われ、安堵するとともに成長を感じ、嬉しく思いました。

十七日から二学期が始まっていますが、夏休み前半の蒸し暑さから一転、早くも秋本番の肌寒さで、朝晩はストーブの火が恋しいオホーツク暮らしです。十九日・日曜の校長講話では、早く生活リズムを元に戻して、体調管理に努めるよう注意を喚起しました。今回は北海道家庭学校の歴史と伝統について、その一端を披露しながら、五十四年前の東京オリンピックにまつわる「展示林」の話をしました。以下、講話の概要です。

＊＊＊

私達の北海道家庭学校には長い歴史とたくさんの伝統があります。今日はその一端をお話ししたいと思います。例えばこの礼拝堂は今から九十九年前の一九一九年（大正八年）に建てられました。ですから、礼拝堂は来年百歳になります。一九一九年という年は、歴史に詳しい人なら思い出すかもしれませんが、第一次世界大戦が終結して講和条約が結ばれた年です。「イクイク人はベルサイユ」と、語呂合わせで歴史年表を暗記している人、いませんか。

八月は終戦記念日や広島・長崎の原爆投下の日など、いろいろと戦争にまつわる記念日がありますが、その戦争は今から七十三年前に終戦となった第二次世界大戦のことで、第一次世界大戦はそれよりも一世代、三十年ほど前の戦争です。

因みに第一次世界大戦が始まったのは一九一四年（大正三年）ですが、この年に北海道家庭学校が誕生しています。みんなの右側に校祖・留岡幸助先生の写真が掲げられていますが、幸助先生は百四年前の一九一四年に遠軽の地に今の家庭学校を開かれました。それから五年の歳月をかけて、地域の人など多くの人々の協力も得ながら、この礼拝堂が建立されたのです。木材も石材も全てこの土地で採れたものだそうで、川に水車を設置して、その動力で木を挽《ひ》いたようで、電気も重機もない時代ですから礼拝堂建立には大変な苦労があったことと思います。

さて、前置きが長くなりましたが、今日は家庭学校の広大な敷地の一画に長い間大切に護られてきた素晴らしい林があることをお話ししたいと思います。礼拝堂の参道入口の車止めの前にT字路がありますが、そこを左の方にしばらく行くと右手に「展示林」と書かれた看板があって、大木が並んでいます。

去年の九月十四日に遠軽町やオホーツク総合振興局などの森林の専門家の人達が大勢この「展示林」に来られて、君達に森のこと、木のことを教えてくださいました。そして生徒全員が参加して樹種（木の種）の採取をしました。高所作業車に乗せてもらって、高い木の上の方まで上がっていって、ちょっと怖い思いをしながらマッボックリのような木の種を採ったと思います。

展示林遠景

ただ、そのときに在籍していた生徒はもう四人しか残っていないんだよね……。セイジ君、カイト君、セイタロウ君、リク君、覚えてますか。

さて、この「展示林」にはどういう謂われがあるか、わかる人いますか。みんなは二年後の二〇二〇年に東京でオリンピックが開催されることを知ってるよね。今度の東京オリンピックは、実は東京で開かれる二回目のオリンピックなんですね。一回目は、今から五十四年前の一九六四年（昭和三十九年）に開催されています。もう五十年以上も前のことで、ここにいる人は、生徒も先生方も殆どの人はまだ生まれてないので、実体験としての記憶はないと思います。今や歴史上の出来事になっているので、社会科の教科書とかテレビや新聞の報道では見たことある人がいるかもしれません。

一九四五年（昭和二十年）の終戦から十九年経った一九六四年（昭和三十九年）に、アジアで初めてのオリンピックが日本の首都・東京で開催されました。戦禍で荒れ果てた国土を、戦後国民が力を合わせて復興に努めました。そのお陰で日本の国は経済的にも大きく発展しましたが、そうした日本の繁栄の姿を見事に世界に示した象徴的な出来事が東京オリンピックだったのです。高速道路や新幹線はそのときに始まり、今に至っています。

私は当時十歳の小学校四年生だったので、かなりよく覚えています。開会式の入場行進のテーマ曲が今でも蘇《よみがえ》ってきますし、マラソンやバレーボールや柔道やウェートリフティングなどの日本選手の活躍の様子をわくわくしながら見ていました。当時は白黒テレビでした。

その東京オリンピックのときに、世界の四十四カ国の選手団が母国の木の種を持ち寄ってくれたそうです。戦争によって日本中至る所が焦土と化していたので、復興のために緑化運動が進められていたそうですが、その呼びかけに各国が応じてくれたもののようです。持ち寄られた外国樹種は、それぞれの生育に適した場所を選んで全国各地の林業試験場などに配られ、苗木に育てられました。戦争中は木材の供出が求められたので、北海道家庭学校の森の木も大量に伐採され、寂しい状態になっていたそうです。

北海道家庭学校にもこの地方の寒い気候に合った北方系の樹種の苗が持ち込まれて植樹されま

した。それから五十年間、山林班の生徒や先生を中心に下草刈りや枝払いをしながら大切に手入れされてきたので、今では百六十二本もの大木が育ち、立派な「展示林」となっています。

家庭学校にはそのときの記録が残っていました。機関誌『ひとむれ』に記されていたんですね。『ひとむれ』には毎月発行の月刊号と時々発行される特集号があって、八十八年前からずーっと続いており、一番新しい先月発行のものまでの号数は全部で九五四号を数えています。

「展示林」のことが書かれていたのは、今からちょうど五十年前の一九六八年（昭和四十三年）六月一日発行の『ひとむれ』第三〇五号で、その誌面に「展示林」の経緯《いきさつ》が克明に記されていました。家庭学校では八十八年の間に発行された『ひとむれ』の九五四号のバックナンバーを全て保存してあったので、そのときのことがわかったのです。そのときの記事を読んでみるので聞いてください。

「『展示林樹苗受く』
東京オリンピックの際、各国選手が国の代表的樹木の種子をはるばる持参、それを育苗中であることは世間一般にはあまり知られていない。四月二五日道庁の馬渕氏が来訪された時、北海道として、この記念樹をどこへ植えたら各国選手の好意を顕示出来るか苦慮しているとの話があった。博物館には樹木の見本、展示林には十種類が植樹され、造林への関心の高いことに感銘を受けたと感想を述べられた。あらゆる部門から参観者のあることが知られて、ここの土地に適するものを十種類いただき一部は展示林に一部は育畑に移植した。

記

ダグラスファー　カナダ産
シトカトーヒ　カナダ産
ヨーロッパトーヒ　ブルガリヤ産
ヨーロッパ赤松　フィンランド産
同　スエーデン産
ロッチボールパイン　アイルランド産
ルーベントーヒ　同
メタセコイヤ　同
コルシカ松　同
モンタナ松　同

『サナプチ日記（五月）』

一・曇 早朝秋葉・横山先生はトラックにて出発。野幌の農林省林木育種場光珠内の北海道林業試験場におもむき東京オリンピックの際外国選手の持ち来たった種子より育苗せる樹種一〇種類を受取る。」（『ひとむれ』第二〇五号〈昭和四十三年六月一日発行〉から引用）

一九六八年（昭和四十三年）の五月一日に当時の家庭学校の先生二人がトラックで今の美唄市光珠内にある林業試験場に出掛けていって、東京オリンピック由来の外国樹種が育った苗木を受け取ってきたようです。この記事からもわかるように、元々家庭学校の森には独自の「展示林」がありました。当時の山林班長だった加藤正志先生という方が、この先生は石上館と桂林寮の寮長や教務部長も務められた方ですが、その加藤先生が長年にわたって家庭学校の森造りに心血を注いでおられました。その一環として当時道内の山林に植えられていた樹種を並べて家庭学校独自の「展示林」を造成されていたのです。そうした実績があったことから、国や道の森林関係機関のほうでも、北海道家庭学校の森がオリンピック由来の外国樹種を植える場所に相応《ふさわ》しい場所だと考え、選ばれることになったのだと思います。

当時全国各地のたくさんの場所に東京オリンピック由来の外国樹種の苗木が植えられたはずなのですが、五十年もの歳月を経て、枯れてしまったり、倒れてしまったり、切られてしまったり、あるいは樹木自体は残っていても記録が残っていないのでわからなくなってしまったというのが大方の実態だと思います。

遠軽町の佐々木町長さんのお話では、オリンピックの「展示林」として現時点で確認されているのは全国で二カ所、東京の代々木公園と遠軽の北海道家庭学校だけだそうで、しかも家庭学校の「展示林」の方がずっと規模も大きく、立派だそうです。私達の先輩方、生徒と先生方が、長い間「展示林」を大事に育て、護ってきたおかげだと思います。

遠軽町では北海道庁や北海道森林管理局などと連携した形で二〇二〇年の東京オリンピックに向けての「展示林」のPR活動に力を入れています。それで今、私達北海道家庭学校の「展示林」は各方面からの注目を浴びているのです。「展示林」の木を使って記念の建築物の壁材にするとか、いろいろなグッズを作って外国からの選手団やお客さん、あるいは日本の多くの方々に配るとかして、五十四年前の一回目の東京オリンピックの「緑の遺産《レガシー》」として国際親善に役立てようということで、二年前から検討が進められてきています。

今日は、北海道家庭学校の歴史と伝統の中には世界に広がる東京オリンピックの「緑の遺産《レガシー》」としての「展示林」もあるということをお話ししました。そしてこのことは、家庭学校の森を立派に護り育ててきた先輩方の営々とした努力と頑張りのおかげであることと、そうした大事なことをきちんと『ひとむれ』誌に記録し、かつその記録を長年にわたってしっかりと保存してきたことがとってもよかったということを、今家庭学校で頑張っているみんなにも是非知ってもらいたくてお話ししました。

まだ「展示林」を見たことがない人は、今度山林班の千葉先生にお願いして連れていってもらってください。それから去年の九月に採取した第二世代の樹種も、今年の五月に佐々木産業（法人の佐々木雅昭評議員さんの会社）の苗畑に植えらたので、その苗が育ったらまた「展示林」に植えることになります。家庭学校の「展示林」も少しずつ様子を変えながら発展していくものと思います。これからもみんなで力を合わせて家庭学校の森を護っていきましょう。［9月号］

百四年目の創立記念日

秋晴れの九月二十四日、北海道家庭学校は全校生徒と役職員、さらにはお客様にも参加していただき、百四年目の創立記念日をお祝いしました。第一部は十一時から礼拝堂で、第二部は正午から給食棟で、皆で楽しく充実した時間を過ごすことができました。

以下、礼拝堂での校長講話の概要を記させていただきます。

＊＊＊

北海道家庭学校百四年目の創立記念日のお話をします。皆さんの右側に掛かっている写真は、いつもお話ししている家庭学校を創った人、校祖ともいいますが、留岡幸助先生です。幸助先生がこの遠軽の地に、一九一四年（大正三年）に北海道家庭学校を創立されてから百四年目になります。北海道家庭学校には長い歴史と素晴らしい伝統があります。

今日のこの創立記念のお祝いには、普段家庭学校で活動している生徒の皆さんと我々職員のほかに、いつも家庭学校のためにお力添えをいただいている多くの皆様にも参列していただいています。お忙しい中ご出席をいただきまして、誠に有り難うございます。

今日は創立記念日なので少し歴史を振り返ってみたいと思います。校祖・留岡幸助先生が現在の北海道家庭学校を開設された当時のことを、ある資料を紹介しながらお話しするので、聞いてください。

幸助先生は北海道家庭学校を開設してから十年後の一九二四年（大正十三年）に、『自然と児童の教養』という本を著されています。その本のことは、留岡清男先生、みんなの左側に写真が掲げられている方で、第四代の校長先生ですが、この留岡清男先生が家庭学校創立五十周年の節目の年に、この『教育農場五十年』という本を著され、その中に書かれています。清男先生の本の中から一部を抜粋して読んでみるので、聞いてください。

「『自然と児童の教養』は、家庭学校農場創立満十周年を記念して出版されたのであるが、彼が北海道の僻地遠軽村字社名淵に移住して、開墾の鍬を振った当時の模様が、如何に辛酸の多いものだったかということがうかがわれるのである。このような辛酸をなめてまで、なぜ教育農場を原始林の中に建設しなければならなかったかということについては、唯単に広大な土地を求めたというだけでなしに、教育の原理を、格別に、自然の中に求めてやまなかったからである。つまり、自然に対する郷愁の如きものが、生誕五十年を迎えた彼の脳裡に、愈々色濃くなったからである。」（『教育農場五十年』から引用：以下同）

幸助先生は五十歳のときに今の北海道家庭学校を開かれ、二十年後の七十歳でその生涯を終えられたのですが、君達のような児童・生徒の教育（感化教育）は、こうした豊かな自然環境の下で行われることが最も相応《ふさわ》しいと考えられ、大自然を求めて、わざわざ東京から遠く離れた寒冷の地を北海道家庭学校の場所として選ばれたことが書かれています。

それから、家庭学校の敷地内の地名や建物の名前は、そのほとんどが幸助先生が命名されたものです。「恵の谷」、「生命《いのち》の泉」、「望の岡」、「平和山」といった具合に。そのことについて書かれた箇所があるので読んでみます。この部分は、清男先生の『教育農場五十年』の中に引用されている幸助先生の『自然と児童の教養』からの引用です。

「曽て人の住んだことのない森林地帯を開拓するのに非常に困るのは、山でも渓谷でも川でも何でも名称のないことだ。あの円い山とか、あの細い谷川とか、それあの川の近くだとか云っても、言葉の上では一向用事が弁ぜぬ。夫れ故に私が移住した地域内の山とか川とか丘とかには名を付けなくてはならぬ。原始林の開拓は其の着手に先立ち名を付けることが肝要だ。私が払下げを受けた社名淵第一農場の地域内には九つの大きな渓谷がある。」

一番目が「誠の谷」、二番目が「感謝の谷」、三番目が「恵の谷」……というふうに順番に九つの谷があるんですね。さらに幸助先生の文を読んでみます。

「家庭学校農場は土地を開いて農産物を得るのが目的でない。寧ろ土地を開墾するのは或る事業を営むにつきての手段である。或る事業とは何であるか。教育である。その教育は処を得ない少青年を教育するのであるから、他の学校の遣り口とは大変相違してゐる。然し教育であるが故に校舎、家族舎、礼拝堂其他の屋舎を建築せねばならぬ。建築するには教育に適した土地を選ばねばならぬ。其れには三番目の谷が一番適はしかろうと思ふたので、之を名付けて恵の谷と呼んだのである。」

今私達が生活しているこの場所が「恵の谷」と命名された場所なんですね。その「恵の谷」の中に、幸助先生は泉を発見しました。「掬泉寮」の前にある「生命《いのち》の泉」のことです。その泉によって、この土地の開拓が進んだことが記されています。読んでみます。

「私がこの谷に移住した当時、一番苦心したのは飲料水であった。水がなくては屋舎を立てることが出来ない。……この清泉を発見するには並大抵の苦労ではなかった。」

「掬泉寮」の名前の「掬泉」は「泉の水を掬う」という意味ですが、幸助先生はこの泉を発見して、この土地の開拓を一気に進めることができたので、その喜びを表すために「生命の泉」の真ん前に建てた寮の名前を「掬泉寮」と名付けたのだと思います。飲み水やお風呂の水などの生活用水や畑の水が使えることになったので、ここでの暮らしが成り立ったんですね。さらに読んでみます。

「この清泉から同じ谷を約五丁登ると、饅頭形の岡がある。まことに心地よき丘陵であるから、私は之を『望の岡』と名付けた。私がこの丘陵を斯く命名したのは外でもない。如何なる人でもこの丘上に立てば必ず望を持つことが出来るやうになると信じたからである。自然の感化は驚くべきものがある。かう云ふ考へから大正七年の夏、私はこの丘上に四、五百人を容れ得る礼拝堂を立てた。」

礼拝堂が建つこの辺りの小さな丘が「望の岡」と名付けられ、その名前がとても良い名前なので、九年前に開設された分校の名前にも付けられたんですね。

私達が毎月五日の校祖の月命日に登る山が「平和山」と名付けられた訳も、この資料の中に出てきます。読んでみます。

「礼拝堂の背後を約十丁も西にして奈良で云へば若草山や春日山に類似した女山がある。此の山は頂上は少しばかり林があって、あとは青草で蔽はれてゐる。如何にも柔順で平和らしい所から、私は之を平和山と命名した。……かやうな訳で私は有ると有らゆる場所に名を付けた。」

それから、校祖がこの土地を開拓したときに驚いたことや、今に続く博物館を創ろうと思ったことも書かれています。

「……開闢以来此谷を私以外に着手したものはない、とかう断定的に極め込んだ。所が開墾の進むにつれて、谷間より土器・石器又は化石の類が夥しく出て来る。斯道の先輩の言ふ所によると是等の発掘物は三、四千年前のものならんと。私は天地創造以来この渓谷の開拓者は私が最初のもので、其月桂冠は私の頭上に落ちるものと考へたに、遠き昔原人が茲に住んで或る生活をなしたと云ふことを目撃して少なからず驚いた。……土器・石器や化石は我が教育部の主任品川義介君が蒐集に努めて居るが、数千点の珍物がある。これ等のことから土器や石器を土台として博物館を立てやうと私達は気張って居るのである。それ等を陳列する博物室丈は最早出来上った。今後幾年かを待たば恵の谷に理想とする博物館を建てることは敢て不可能ではあるまい。」

現在の博物館は、四年前の創立百周年の時に、桂林寮を改装して創られていますが、その一番奥の部屋には、今読んだ所に出てくる石器などがたくさん展示されています。遠軽町白滝は黒曜石の世界的な産地なんですね。展示物の中には黒曜石でできた我が国最大級の鏃《やじり》もありますから、創立記念日なので午後にでも各寮で見学してみたら良いと思います。

今日は北海道家庭学校の長い歴史の中の最初の頃のこと、そのほんの一端に触れただけですが、大先輩の先生方や生徒たちの営々とした努力、頑張りによって、北海道家庭学校の歴史と伝統が作られ、いろいろなものが財産として伝わって、今日《こんにち》、私たちがここで勉強し、生活できていることを皆さんに知っていただきたいと思い、お話ししました。

これからの家庭学校の歴史を作り、伝統を守っていくのは、今ここに居る私たち、生徒と先生方です。創立記念の日に当たり、そのことをしっかりと心に期したいと思います。

今日は北海道家庭学校の歴史を振り返りながら、皆さん方一人ひとりが今一度自分を見つめ直してここで過ごす意味をしっかりと考える、そういう一日にしてほしいと思います。お話を終わります。

礼拝堂（望の岡掲示板）

＊＊＊

さて、九月六日に発生した「平成三十年北海道胆振東部地震」につきましては、全国各地からお見舞いの電話やメールなどをいただき、恐縮するとともに大変有り難く心強く感じております。ほかにも心配されている方がおられるかもしれないので、ご報告させていただきます。

同じ都道府県内とはいえ何しろ広い北海道です。家庭学校の所在するオホーツク管内遠軽町と震源地の胆振管内東部地域とは二百八十キロも離れており、当夜家庭学校では誰も地震に気付かなかったようです。ただ、北海道全域が大停電（ブラック・アウト）に見舞われたため、家庭学校も丸一昼夜停電となり、職員と子ども達が少し苦労したようです。

と申しますのは、私自身は前日の夕方、北海道庁主催の「道立児童自立支援施設のあり方検討会議」に出席したため、その晩は札幌市北区の自宅に泊まり翌朝遠軽に戻るつもりでおりました。そのお陰で人生初の震度五強の揺れを体験し、些《いささ》か肝を冷やしました。家中に物が散乱し、整理に酷い目に遭いましたが、建物の大きな損壊もなく、また、家人にケガもなく、不幸中の幸いでした。

当日午後、高速道路の道央道の江別西インターから先が開通したので、遠軽に向かいクルマを走らせました。停電で札幌市内の一般道の信号機の多くが作動せず、大渋滞の中、大きな交差点を渡ったり右折したりするのに大変難儀をしましたが……。夕刻家庭学校に着いて直ぐに三つの寮を回ったところ、子ども達と職員がアイスキャンドル用の蝋燭《ろうそく》を灯したり、懐中電灯の先にペットボトルを当てたりして、仄暗い中和やかに夕食を摂っていたので、安堵するとともに、「難有」で皆が一段と成長したことを実感しました。

掬泉寮の藤原寮長などは、朝から街に出掛けて携行缶でガソリン

博物館全景秋

博物館（留岡幸助）

を買ってきて、寮の外で発電機を作動させ、全校生徒分の洗濯機を回していました。

家庭学校の場合、冷蔵庫の食材が痛んでも畑にはたくさんの野菜があり、牛乳は文字通り売るほどあるので（バルククーラーが作動せず、搾乳したミルクを出荷前に捨てざるを得ませんでしたが……）、停電がある程度続いても持ち堪《こた》えることができるようです。家庭学校は災害に強いことを再認識しました。皆さんどうかご安心ください。［10月号］

礼拝堂の額の教え

秋も深まった十月十五日、恒例の園遊会が本館前庭で開催されました。今年は暖かな陽射しにも恵まれ、木々の葉が明るい陽光を浴びて黄金色に煌《きら》めく、絶好の園遊会日和となりました。

三時間目までの授業を終えたワクワク顔の子ども達を囲んで、望の岡分校の先生、家庭学校の職員、そしてお馴染みのボランティアグループの皆さん、さらには大勢のお客様が本館玄関前に大集合。子どもも大人も皆それぞれが各人の役割を果たし、全員で盛り上げたお陰で、子ども達の心に残る素晴らしいガーデンパーティーになりました。多くの皆様のご支援とご協力に心より感謝申し上げます。

また同日は、遠軽町役場がＪＯＣの役員、国や道の森林行政機関のほか大勢の関係者を招いて「東京五輪展示林」の間伐のイベントも行われました。ＴＶや新聞などの報道各社も押し寄せ、大変賑やかな一日となりました。

伐採した木材は二〇二〇年の東京五輪に向けて建設中のオリンピックミュージアムの壁材などに加工されるほか、椅子や記念グッズなどとしても汎用される計画が進められています。家庭学校の先輩方が五十年間大事に護り育ててきた「展示林」が広く国際親善のお役に立つことは、今の家庭学校で暮らす我々にとっても誇りであり、喜びとなっています。

さて、その前日の十月十四日の日曜礼拝の折に、月例の校長講話を行い、礼拝堂に掲げられている三つの額について紹介し、校祖・留岡幸助が大事にしていた教えを、百年後の生徒と職員に伝えました。

以下、礼拝堂での校長講話の概要を記させていただきます。

＊＊＊

十月の校長講話のお話をします。

毎月の校長講話のときに、北海道家庭学校の歴史と伝統についてお話しすることがよくありますが、今日はこの礼拝堂の右と左の両側の壁に掲げられている額について、お話ししたいと思います。ちょっと難しい文章なので、なるべく易しくわかりやすく説明するつもりですが、みんなも集中して聞いてください。

まず、右側の校祖・留岡幸助先生の写真の上にある額です。実はこの字を書いた人は、みんなの正面に掲げられているお馴染みの『難有』の額の字を書いた人と同じ人です。幸助先生の友人で、当時の網走監獄の典獄、今で言えば網走刑務所長の大谷友次郎という人です。

書道の名人のようで、筆字の文字が達筆過ぎて、読むのがちょっと難しいよね。それで、みんなにわかりやすいようにパソコンで打って、拡大コピーして持ってきました。これです。昔の書き方なので、右から左に読みます。

『無田甫田維莠驕々』

幸助先生は今から百四年前に今の北海道家庭学校を開かれたわけですが、北海道に向けて東京を出発する際に、お別れの挨拶をしに訪ねた人の中に江原素六という人がいて、この人は東京の家庭学校の支援者であったようですが、その人から贈られた言葉だそうです。中国の古典の『詩経』の中に出てくる文だそうです。

右の二つの文字「無田」は「たづくるなかれ」と読みます。「田んぼを作らないように」という意味です。ここでは「田」は名詞でなく動詞なんだね。次の二文字「甫田」は「ほでん」と読み、「広くて大きな田んぼ」という意味です。だから、「広くて大きな田んぼは作らないようにね」と忠告しているんですね。

それはどうしてなのか、その後の四文字で理由が述べられています。「維」は「これ」と読み、感嘆詞的に判断の対象を強調的に使い、「まさに」という意味です。次の字「莠」はここでは「ゆう」と読み、「はぐさ」とも読むのですが、「水田に生えて稲を害する雑草」のことです。その後の「驕々」は「きょうきょう」と読み、「おごりたかぶる」という意味の「驕」の字を二つ重ねてより強調していて、「雑草が勢いよくボウボウに生える」という意味になると思います。

礼拝堂の額（留岡幸助）

ということで、通して読むと、「ほでんたづくるなかれ、これゆうきょうきょう」となり、「むやみに広くて大きな田んぼを作ったら、その管理が十分にできなくなって、雑草がボウボウに生えてしまって稲が実らなくなるので、大き過ぎる田んぼは作らないようにね」という意味になります。この場合の田んぼは「仕事」とか「事業」を表す一種の象徴として使われています。「自分の能力に余ることに手を出してはいけない。結局何もできないで失敗に終わる」という教訓を示しているのだと思います。

幸助先生はとにかく一生懸命に頑張ってどんどん事業を大きく広げていく人なので、「自分が仕事を大きく広げてやり過ぎることを江原素六がよくわかっていて、ムリしないようにねと忠告するためにこの言葉を贈ってくれたのだ」と、そういうふうに解釈して、忠告をいただいたことに大いに感謝しました。そしてその大事な教訓を忘れないようにするために書道の名人で友達である大谷友次郎に書いてもらって、その字をこうやって大きな木の板に彫って、このように礼拝堂に掲げたのだと思います。

ちょっと難しかったかな。もう一つあるので辛抱して聞いてください。みんなの左側の留岡清男先生の写真の上にある額を見てください。

『力田而食布衣亦尊』

右の二つの文字「力田」は「りきでん」と読みます。「一生懸命働く、農業に励む」という意味です。次の二文字「而食」は「しこうしてしょくす」と読み、「しょくす」とは食べる意味から発展して、ここでは生活するということを表しているようです。前の二文字から続けて「一生懸命働いて生活しているならば」という意味になると思います。

その次の二文字「布衣」は「ふい」と読み、布とか衣服を表していて、ここでは「粗末な衣服を着ていても」ということを象徴的に表しています。最後の「亦尊」は「またとうとし」と読み、全部を通して読むと、「りきでんしこうしてしょくす。ふいまたとうとし」となり、「一生懸命働いて生活しているならば、粗末な衣服を着ていても、地位もお金もなくても、尊いものだ」という意味になります。象徴的で、ちょっと飛躍があって、想像するのが難しいかもしれませんが、そのような意味だといわれています。

礼拝堂の額（留岡清男）

この額の左端に「蘇峰正敬」と書いた人の名前と号が記されていますが、明治時代の有名な評論家、ジャーナリストの徳富蘇峰という人です。幸助先生は同志社で神学を学んだのですが、徳富蘇峰はその同志社の先輩で、互いに信頼し合う間柄の人だったようです。蘇峰は奥さんと一緒に北海道家庭学校にも訪ねて来ています。そのとき書き残した書を基にこの額を作ったんだね。昔の偉い人は旅行先で筆で字を書いて書を残すことがよくあったようです。因みに徳富蘆花という人は知ってるかな。明治時代の有名な小説家で『不如帰《ほととぎす》』とかを書いた人です。徳富蘇峰は徳富蘆花のお兄さんです。この二人のこと、社会科か国語の授業で習ったことある人いないかな。

右の額と左の額と、そしていつも話している中央の『難有』の額、この三つの額には、幸助先生が生き方の指針として生涯大切にした言葉が記されています。自分自身も、そして家庭学校の生徒も先生もみんながよく目にするように、三つの額がこの礼拝堂の三方に掲げられているんだね。爾来百年にわたって今の私達にも教訓として伝えられています。

ところで、明日は毎年秋恒例の「園遊会」があって、大勢のお客さんも見えるね。昨日はみんなで一生懸命環境整備や会場づくりなどの準備をしていたね。道具を取りに走って移動している人もいました。しっかり頑張ってるな、随分と成長したなと、嬉しく思って見ていました。

北海道家庭学校には百年を超える長い歴史の中で護られてきた素晴らしい伝統と尊い教えがたくさんあります。百年間のことを世紀といいますが、北海道家庭学校は一世紀が過ぎて、二世紀目、新しい世紀に入っています。一世紀の歴史と伝統の上に、新世紀の北海道家庭学校の歴史を創っていくのは、今ここにいる生徒の皆さんと先生方です。

家庭学校の先生も望の岡分校の先生も、皆親身になって君達のことを支えてくれます。ここで暮らす時間を大事にしようね。お互いに協力し合って、切磋琢磨しながら、共に成長していきましょう。

十月の校長講話のお話を終わります。［11月号］

作業班学習発表会

北国の十一月は気候が劇的に変動します。上旬には小春日和のぽかぽか陽気が続き、校祖の胸像横の楓の葉が秋の陽射しに映えて深紅の輝きを誇っていました。中旬になると急に寒気が押寄せ、楓の葉が一枚残らず散り落ちて寒々とした風景に様変わり。下旬にはとうとう初雪が降って辺り一面が白一色となり、幸助先生も綿帽子を被ってしまいました。

このように家庭学校は毎年十一月の下旬には雪に覆われてしまうため、野菜や花を育てる屋外の作業が一段落することから、勤労感謝の日の前後に一年間の収穫を感謝して、また「作業班学習」を総まとめする意味で「作業班学習発表会」を開催してきました。かつては「収穫感謝祭学習発表会」という名称でした。

「作業班学習発表会」では、生徒全員、一人一人が別々のテーマで、実践してきた自らの作業を振り返っての発表をします。各人の発表時間は十分間で、発表後には会場中からの質問攻めに遭います。作業の意味や成果、自分の役割などを改めてしっかりと考えることになり、それぞれが達成感や自己肯定感を高めます。

発表準備のために二週間、子ども達は作業班毎に五つの教室に分かれてプレゼン資料創りに励みます。家庭学校職員と望の岡分校教員の指導を受けながら、模造紙に文章を書き、絵やグラフを描き、写真を貼ります。何枚もの模造紙を裏面でガムテープで貼り合わせて大きな紙面を作ります。六枚も八枚もの模造紙を使って大きな資料を創る生徒もいます。

「作業班学習発表会」では誰もが主役です。元の学校では晴れやかな舞台に立った経験などない子ども達ばかりですが、家庭学校では一人残らず全員がスポットライトを浴びるのです。

私はこの「作業班学習発表会」こそが最も重要な意味を持つ行事であり、家庭学校を代表するシーンであると校長一年目のときに確信し、二年目からは全ての児童相談所と原籍校に案内し、担当する先生方に子ども達の成長振りを目の当たりにしてもらうことにしています。

今年の発表会も二十一日、二十二日の二日間の開催でしたが、大変充実した素晴らしい内容でした。二週間の準備期間と二日間の本番、生徒の皆さん、本当にご苦労様でした。指導に当たった先生方、大変有難うございました。

そして何よりも、一年間を通じて、雨の日も風の日も雪の日も、子ども達に寄り添い励まし、懇切丁寧にご指導いただいた全ての先生方に、心より感謝申し上げます。子ども達一人一人への

講評は「収穫感謝特集号」に書かせていただきます。［12月号］

「児童福祉」と「少年司法」

新年おめでとうございます。北海道家庭学校は創立百五年目を迎えました。今年も家庭学校と子ども達のこと、宜しくお願い致します。

北海道家庭学校にお客様が多いことはこれまでも記述したとおりです。社会的養護に対応する児童自立支援施設ということで、来客の中心は「児童福祉」関係の方々になるのですが、他方「少年司法」関係の方々も多く、家庭裁判所の裁判官や調査官、少年院や少年鑑別所の職員、保護司会や更生保護女性会の会員等々の皆さんが年間を通して来校されています。さらには校祖留岡幸助が家庭学校創設前に教誨師をしていたことのご縁もあってか、刑務所の職員、教誨師会の会員などの皆さんも時折来校されます。そのような日頃のお付き合いもあって、私自身も保護司会、更生保護女性会、教誨師会などの皆さんからの要請に応じて講演に伺うことがあります。

我が国では、「児童福祉」と「少年司法」という、少年非行に対処する二つの分野が戦後ほぼ同時期にスタートし、爾来約七十年の星霜が流れています。ところが、行政の管轄が厚生労働省と法務省に分かれていることもあって、互いに相手のことがよく見えない状況にあるように思います。

これが一般の方になるともっとわかりづらいようで、「少年司法」の分野と「児童福祉」の分野が時にはごっちゃになって混乱することもあるようです。北海道出身の作家佐々木譲は『廃墟に乞う』という小説で平成二十一年に直木賞を受賞しました。その受賞作品の中で、かつて犯人兄妹を北海道岩見沢児童相談所が一時保護所に保護していた件《くだり》があるのですが、そこのところの書きぶりが「児童相談所からやってきた保護司に引き取られた」という記述になっています。読んだ当時岩見沢児童相談所長だった私は、一瞬……目が点になりました。どうやら「児童福祉司」と「保護司」を混同したようなのです。文藝春秋という大手出版社の発行で、作家以外にも編集者など多くの人がチェックをしているはずなのにこんな初歩的なミスに誰も気づかなかったのかと驚きました。近年では児童虐待問題で児童相談所がクローズアップされることが多くなってきているのですが、まだまだ一般の方には馴染みが薄いのかなというのが、そのとき私が抱いた感想です。

余談ですが、児童相談所のことで申しますと、その昔昭和の終わり頃、北海道中央児童相談所の移転が計画され、現在地の札幌市中央区円山西町が候補地として浮上したときに、当時の円山住民から反対運動が起こりました。児童相談所が来ると夜間に女性が一人で歩けなくなるといったデマが流れ、その模様を地元の民放テレビ局が『狼が来るか』というタイトルで放映したことを覚えています。

最近も東京都の港区南青山で児童相談所の新設に反対する住民の動きが連日報道されています。一時保護所に収容された触法少年や貧困家庭の児童が高級住宅地の南青山の小・中学校に通うのは危険なので児相設置に断固反対するという住民の声とそれに対する識者と称する出演者の的外れなコメントには唖然としています。児童相談所の一時保護所は身柄の安全を図ることを主目的に緊急避難的に短期間活用されるもので、そこから地域の学校に通うことなどはあり得ないのです。平成の世になって三十年が経過しても児相への理解は深まらないようです。

本筋に戻りますが、「児童福祉」と「少年司法」の分野の違いについて、あるいは関係性については、今一つ理解されておらず、また、縦割り行政の弊害もあってか、関係機関同士でもお互いがよく見えずに濃《こま》やかな連携が図れないでいることもあるような気がしています。

幸いなことに北海道家庭学校には前述のとおり「少年司法」や「司法」の関係の方々にも多数来校していただき、相互理解を深め、連携を図ることができており、大変有り難く思っているところです。

中でも網走刑務所の職員の方には近年は年に数回、性教育や薬物濫用防止教育などで家庭学校にお越しいただき、直接子ども達にご指導いただくなど、格別なご協力をいただいています。

そうしたことも校祖留岡幸助と網走監獄典獄の大谷友次郎（礼拝堂の『難有』の揮毫《きごう》者）の交友に始まるお付き合いが百年以上続いていることによるものであって、大いなる遺産なのだと考えており、時折百年前に思いを馳せています。

ところで、網走刑務所さんとのお付き合いにつきましては、このほど一層深まることになりました。十月に網走刑務所の矯正医官として着任された児童精神科医の富田拓《ひろし》先生が、週に二日、家庭学校の中でも医療活動をされることになったのです。富田ドクターはかつて家庭学校に医師として勤務し、同時に掬泉寮長としても仕事をされた方で、その後長らく国立の児童自立支援施設である「武蔵野学院」と「きぬ川学院」の医務課長として活躍されてきた方です。久々に北海道に戻って来られたので、北海道家庭学校としても道内の発達障害児と保護者を対象とする診療所を開設すべく、新年度に向けて準備を進めているところです。

富田ドクターには早速裁判所などからの講演要請が来ているようで、今後の富田ドクターの活躍により「児童福祉」と「少年司法」の一層の連携が進むものと、大いに期待しているところです。

北海道家庭学校の精神的シンボルとして望の岡に聳え建つ「礼拝堂」は、築百年の節目の年を迎えています。［1月号］

人の気持ちがわかる人になろう

北海道家庭学校の森にも本格的な冬が到来しています。マイナス二十度以下にまで冷え込む朝もありますが、そんな日の日中は明るい陽射しの下で気温が急上昇します。オホーツクブルーの空の下、木々も建物も神社山ゲレンデも輝きを増し、子ども達が元気に雪遊びに興じます。

この冬は今のところ雪が少なく、除雪の面では助かっているのですが、雪像造りには良質な雪が足りません。そのため二月八日に予定していた雪像コンクールを一週間延期しました。各寮の前庭に寮生の人数分の大きな雪の塊が必要だからです。縦横高さ各二メートルの木製コンパネで囲った中に雪を詰め込んで大きなサイコロ状の雪塊を作り、それを各人が十日ほどかけて一体の雪像に仕上げます。

スキー学習は今年もまた自衛隊遠軽駐屯地の隊員さんに熱心なご指導をいただきました。強風が吹き荒れ、時折地吹雪模様となる日もありましたが、子ども達も先生方も寒さと懸命に闘っていました。年末に帯広児相から入所した新入生三人はスキー初体験でしたが、先輩方に倣いながら見る見る力を付けています。

さて、いつものことですが、家庭学校内の寮や教室では日々小競り合いが起こります。時には暴言・暴力に発展することもあり、新しい顔ぶれも増えたことから、定番の「人の気持ちがわかる人になろう」という話を、新年最初の校長講話でお話ししました。以下、その概要です。

＊＊＊

皆さんは家庭学校で学ぶこと、身につけることの中で、何が一番大事なことだと思いますか。望の岡分校の授業に真剣に臨んで勉強の遅れを取り戻す。その結果、学業成績が伸びて、希望する高校に進学する。これ大事なことですね。それから、寮生活で生活のリズムが身について、早寝早起きができるようになる。掃除や洗濯、片付けものなどを独りできちんとできるようになる。これも大事なことです。さらには、作業班学習や朝作業・夕作業に真面目に取り組んで草刈りや畑おこしや除雪などの根気の要る仕事も最後までやり通せるようになる。これまた大事なことです。

どれもこれもみんな大事なことですが、それらをぜーんぶ合わせたくらいに大事なことがもう一つあると、私は思っています。何だかわかりますか。それは「人の気持ちがわかる人になる」ということです。相手の身になって考えてみる、相手の気持ちを推し量ってみる、そういうことができるようになることです。

心ない一言で相手がどんなに傷つくだろう、自分に対してどんな感情を抱くだろうということが想像できれば、うかつなことは言えないはずです。ついつい、カーッとなって、むしゃくしゃして、あるいはからかってやろうと思って、相手に酷いことを言う。そういう行為は、人としてとても恥ずかしいことだと思います。早くそういう未熟な段階を卒業してほしいと思い、私は繰り返し繰り返し「人の気持ちがわかる人になろう」と、皆さんに語りかけてきました。

人の気持ちがわからなくては社会で自立して生きていけません。自分の人生とはいっても、人生は自分一人で完結するものではなく、常に周囲の人、社会との関係のもとに成り立っているからです。

また、人を傷つけるようなことを言わないことはもちろん大事だし、常に気をつけていなければならない当たり前のことですが、実は人間関係の問題はそれだけでは解決しません。自分がいくら気をつけていても、残念ながら世の中には未熟な人もいます。傷つくようなこと、バカにするようなこと、人格を否定するようなことを言う人もいるものです。そのときに一々腹を立てて反応してしまい、言い返したり、口喧嘩をしていたら、どうなるでしょうか。人間関係がギクシャクして、壊れてしまいます。いくら勉強をきちんとしていても、一人前に仕事ができても、人間関係がうまくできなければ、学校も仕事も続けられなくなります。

では、どうするか。秘訣を教えます。傷つくようなこと、バカにするようなこと、人格を否定するようなことを言われたときには、そこで一呼吸置いて、あー、この人はまだまだ未熟なんだな、だからこんなバカなことを言ってるんだ、かわいそうな人だなあ……と思ってください。そして、相手にしないこと、聞き流すこと、無視することです。これができれば立派なものです。

でも、皆さんは今まで散々苦労してわかっていると思いますが、これってなかなか難しいことですよね。そのための練習の場、修行の場が、家庭学校です。家庭学校にいる間は、腹が立ったり、イライラしたり、キレそうになったときに、家庭学校の先生、望の岡分校の先生が話を聞いてくれ、優しく注意をしてくれます。皆さんは家庭学校で修練を積んで、随分と我慢強くなり、一歩も二歩も三歩も賢くなってきているはずです。まだ新入生期間の人でも、毎日の生活の中で少しずつ学んできているはずです。

家庭学校で長く生活している人は、もうそのことをしっかりと身につけているはずです。自信を持って新しい道に歩を進めてください。ただし、人間は忘れやすいものです。ついつい慢心してしまうものです。家庭学校にいる間も社会に出てからも、時々「人の気持ちがわかる人になろう」という言葉を思い出して自分を律してください。そうして、みんなから愛され、慕われる人になって、明るく楽しく充実した人生を歩んでください。［2月号］

児童自立支援施設の歴史

暦の上では春三月となり、寒気も少し緩んできたことから、屋根からの大量落雪が大音響を轟かせることがあります。

家庭学校の冬の行事も一段落しました。敷地内の神社山でのスキー学習を皮切りに、平和山山頂からの滑降競技、街のロックバレースキー場での大回転競技と回転競技の各種大会が行われました。スキーの締め括りとしては地域の一大イベント「湧別原野オホーツククロスカントリースキー大会」に今年も全校生徒が参加し完走しました。雪像コンクールも三つの寮の前庭で開催され、今冬も力作が並びました。子どもも大人も北国の冬の生活の醍醐味を満喫したと思います。

雪像雪固め

雪像造り

さて、今号では児童自立支援施設の沿革を少し振り返ってみたいと思います。児童自立支援施設の歴史は、国全体としては一九〇〇年（明治三十三年）の感化法制定に始まります。明治初期の非行少年への処遇は成人監獄内にある「懲治《ちょうじ》場《ば》」収容でしたが、成人から犯罪を習うなどの弊害もありました。明治中期になると農民としての生活が破綻して地方から都市に流入する貧民が急増するとともに浮浪児や孤児が激増した結果、不良少年や犯罪少年も増加したようで、そうしたことが感化法制定につながったようです。

この感化法の条文の第一条に「北海道及府県ニハ感化院ヲ設置スヘシ」とあり、都道府県義務設置が謳われています。ただし、第五条に「感化院ニ関スル経費ハ府県ノ負担トス」とあったので、財政事情などから「感化院」の設置が順調に進まない都道府県もあったようです。

このときの都道府県義務設置の考え方は、その後「少年教護院」（昭和九年）、「教護院」（昭和二十三年）、そして「児童自立支援施設」（平成十年）と制度が変遷する中でも引き継がれ、現在も各都道府県は自前の児童自立支援施設を必ず一カ所は持っています。さらに、北海道、東京都、大阪府はそれぞれ二カ所の施設を設置しており、現在では政令指定都市の設置も可能となっていることから、横浜市、名古屋市、大阪市、神戸市がそれぞれ一カ所ずつ設置しています。

全部で五十八ある施設の中で、都道府県立五十カ所、政令市立四カ所、国立二カ所の計五十六カ所と、そのほとんどが制度発足の経緯や趣旨から国公立の施設です。そのような中で、感化法制定に先んじて前年の一八九九年（明治三十二年）に留岡幸助が東京で開設した家庭学校を起源とする北海道家庭学校は、横浜家庭学園とともに全国で二カ所のみの民間立の児童自立支援施設という、非常に珍しい設置形態のまま今日に至っています。［3月号］

作業班学習発表の講評

十一月二十五日・日曜の収穫感謝礼拝における「校長講話」として、直前に開催された『作業班学習発表会』での各人の発表に対しての講評を述べましたので、その概要を記載します。

＊＊＊

北海道家庭学校はこれからのシーズン雪に閉ざされてしまうこともあって、野菜や花を育てる屋外の作業が一段落したところです。家庭学校では毎年十一月の勤労感謝の日の前後のこの時期に、一年間の収穫を感謝して、また、「作業班学習」を総まとめする意味で、生徒全員、一人一人が別々のテーマで発表する「作業班学習発表会」というものを開催してきました。

今年は第一日目の二十一日に「校内管理班」と「酪農班」の発表が、第二日目の二十二日に「山林班」と「園芸班」と「蔬菜班」の発表がありました。今年は生徒数が少なく、全部で十四人の発表でした。それに加えて先生方からも、酪農班担当の蔓本先生と給食棟の和田栄養士さんが発表してくれたので、全部で十六人の発表がありました。それぞれ工夫を凝らし、持ち味を活かした大変素晴らしい内容だったと思います。私としても初めて知ることも多く、とても勉強になりました。

また、今年の生徒は、どちらかというとおとなしくて元気が足りないので大丈夫かなと、内心ちょっと心配していましたが、皆それぞれが表現力豊かに、大きな声で落ち着いて発表できていました。発表態度も大変良かったと思います。普段『朗読会』などの場面で大勢の人の前で話す練習をしているので、そういうことがだいぶ身に付いてきているなと思いました。全員がそれぞれ自己ベストの発表だったと思います。堂々とした自信に溢れた君達の姿を見て、私としてはみんなの成長を強く感じ、大変嬉しく思いました。

さらには、今年の発表会も生徒の皆さんからの質問が多く出て、みんなの真剣さが伝わってきて、このことも嬉しく思いました。

それでは、生徒の発表について、発表の順番に手短に講評したいと思います。

まず、第一日目は「校内管理班」から始まりました。トップバッターはK君でした。『作業班学習発表会』全体の最初の発表者だったので、プレッシャーもあったと思いますが、二回目の発表なので要領も心得ていたようで、緊張感の中にも時折笑顔があって、言葉もはっきりしていて、実に堂々とした発表でした。

タイトルが「旧鶏舎解体作業と木工教室での解体作業」というもので、去年の冬、雪の重みと強風で倒壊してしまった旧鶏舎の解体作業のことを詳しく説明してくれました。いろいろな行事や作業などの合間にこの解体作業を進めてきたので、「校内管理班」では去年から今年にかけて長期間にわたり粘り強く取り組んできていました。去年の先輩方が外した屋根のトタンや木材から、今年はK君達が釘抜き作業をしたり、窓枠からガラスを外したりして、きれいに分別して全部片付けてくれました。使った道具や安全靴、ヘルメットなどについてもみんなに見せながら説明してくれました。「しぶいち」というものをみんなの席に回して何に使うものか問いかけていました。君の説明でガラスが窓枠から外れないようにするストッパーであることがわかりました。会場から「『しぶいち』とは漢字ではどう書くのか」との質問が出たとき、K君はじめ誰からも声が上がらなかったのですが、私の後ろの席におられた元分校長の平出先生が小さな声で「四分の一と書くのでは」とおっしゃっていました。あとで辞書で調べたらそのとおり「四分一」であり、一つのものを四つに割ったものの一つであることがわかりました。

K君の作業への取り組み姿勢は立派で、これまで「作業賞」を何度か受賞しています。この調子で「努力賞」、「学習賞」も受賞して、自信を持って次のステップに進めるよう願っています。

二番手は、Y君でした。「木工教室の壁の補修」と「味噌造り」についての発表でした。木工教室の壁にスズメバチが巣を作って出入りして危なかったので、それを駆除した後にまた巣を作られないようにするための作業だったことがわかりました。旧鶏舎の屋根から外した波形トタンを叩いて平らにして、それを使って壁の穴に目張りしたんだね。地味に見えるけど、物を大事にする精神があって、実に意味のある良い作業だと思います。

味噌造りの方も写真などで詳細にわたって順を追って説明してくれたので、工程がよく理解できました。「三年経つととても美味しい味噌が完成します」と自信を持って言い切った結びの言葉が良かったです。君の発表準備が遅れ気味で気持ちも少し不安定になっていると聞いていたので、私は少し心配していたのですが、杞憂でした。言葉もはっきりしていて、終始落ち着いた態度で、立派な発表ができたと思います。

次に「酪農班」です。最初に蔓本先生から酪農経営全体を総括したお話があった後、生徒の一番手としてH君の発表がありました。「酪農班の作業内容について」と「酪農に使用される牛について」と「牛について」という三つのテーマでした。酪農作業として牧草を運んだりエサやりをする以外にも、牛舎の清掃、環境整備、電牧線の維持管理、小屋の解体、雪解け水を流すための明渠掘りなど、多岐にわたる作業があることがわかりました。

酪農牛については家庭学校で飼っているホルスタインとジャージーを中心に五種類の牛を説明してくれました。牛全般についても、四つの胃の働きや牛乳が白く見えるわけなど幅広く勉強していて、全体的によくまとまった内容のある発表でした。

「酪農班」のもう一人はR君でした。「酪農班の歴史」がテーマでした。百年余りにわたる酪農経営の変遷をよくまとめていたと思います。オホーツク管内は今では全国的にも大変酪農が盛んな地域ですが、実はこの地域の酪農は百三年前に家庭学校が二頭のホルスタインを導入したことが起源なんですね。私は博物館のビデオで知りました。みんなもこのことを覚えていてください。

また、R君の作った年表には未来のことまで書かれており、来年から本格的にバター、チーズの製造・販売を始めることをみんなに知らしめてくれて、私としても大変嬉しく思いました。今月末からいよいよ工房の改修工事が始まります。みんなも期待してください。R君は二度目の発表なので、質問への受け応えも堂々としていて、安定感があって、良い発表だったと思います。

次は第二日目で、「山林班」から始まりました。一番手がS君で、二番手がU君でしたが、二人ともヘルメットを被っての登場で、発表の途中で二人が交代したりして、最後のところは二人の掛け合い漫才のような形になって、なかなか活気があって愛敬があって、面白い発表だったと思います。

まず、S君です。「平成最後の山林班」という大きなタイトルでした。みんなが気持ち良く平和山に登れるように登山道の草刈りをしたことや、みんなが安全に暮らせるように危険木・倒木の処理をしたことなどの話がありました。作業中に見た動物、シカや野ネズミやカナヘビなどについても活き活きと語っていました。君はカナヘビを捕まえる名人なんだね。

実際に使っている道具を見せながらの説明もありました。また、山林作業には危険がつきものなので、作業の四つの心得も話してくれました。七カ月間の山林作業を振り返って自分が成長できたと感じているとのことでした。全体を通して明るくはきはきとして、ユーモアもあって、良い発表だったと思います。

次にU君です。「間伐、危険木、倒木処理」がテーマでした。「山林班」以外の人には普段の生活の中ではなかなか目につかない活動なので、少しでも「山林班」のことをわかってもらいたいという、U君の意気込みが伝わってきました。

トドマツ、カラマツ、カシワ、シラカバの、家庭学校にある代表的な四種類の木について調べた話や、実際に木を切る際の説明もありました。五月の桜の植樹のこともありました。将来大きく育った満開の桜の林を見てみたいね。みんなも大人になったら五月に訪ねてみてください。君が「山林班」の活動を通して心身ともに大きく成長してきていることを実感しているという言葉を聞いて、私としても大変嬉しく思いました。


次は「園芸班」です。一番手はY君、「家庭学校内の花壇について」というテーマでの発表でした。家庭学校の敷地内にある花壇をマップにして、それぞれの花壇の花について解説してくれました。校門横の大花壇を設計して、みんなで工夫しながらいろいろな花を植えて、立派な大花壇が完成したことの喜びを語ってくれました。今年の大花壇はなかなか見応えがありました。上空からドローンで撮影した写真を日本園芸協会に送ったら、コンテストに入賞したんだね。賞状もみんなに見せてくれました。

多くの花を植えて、花の名前や特徴もたくさん覚えたようです。ペチュニア、マリーゴールド、サルビア、ケイトウ、アゲラタム、百日草、向日葵、ダリアなど、一気に花に詳しくなったね。この経験はこれからの君の人生の中でとても大きな財産になると思います。結びの言葉で「来年もきれいな花を咲かせたい」と言い切った姿を見て、Y君の成長を感じ、大変嬉しく思いました。

二番手は、K君で、「腐葉土について」というタイトルでの発表でした。作業していく中で興味を持つようになり、いろいろと調べたようです。家庭学校にはたくさんの木があって、秋になると始末に困るくらいのたくさんの落葉に悩まされますが、それを堆肥にして腐葉土にするまでの工程が、ちょっと専門的で難しかったけれど、K君の説明でよくわかりました。定期的に水をかけたり、切り返しをしたりする具体的な作業も、私は初めて知りました。そしてそれを土焼きするんだね。

きれいに花を咲かせるためには、そういう地道な作業が必要なんだね。私は普段作業に参加していないので、何となくわかったつもりでいたことも、実は正確にはわかっていませんでした。今回の君の発表を聞いて、家庭学校では随分と丁寧な作業をしているということを再認識することができ、良かったと思います。

三番手は、Y君でした。まだ新入生期間が終わったばかりで日も浅い中で、「入所から三カ月までの作業班内容」というタイトルでの発表でした。入所初日に大きな長方形のフルイを使って土を細かくしたことが印象に残っているようです。雑草抜きも根気が必要で、足腰も痛くなるだろうから、大変な作業だね。プランターやポットやハウスのビニールなどをきれいに洗うことなどの地道な作業、道具を大事にすることが大切なんだということも学んだようです。

Y君が三カ月を振り返っての感想として述べた「作業が好きになった」、「班の人にいろいろ教えてもらって、助けてもらって、とても感謝している」、さらには今後の抱負として「考えて行動していきたい」、「体力作りもしたい」という素直で前向きな言葉が聞けて、私としても大変嬉しく思いました。

「園芸班」最後、トリがS君で、「園芸班の年間作業について」というテーマでの発表でした。昨年度の三学期から「園芸班」に所属し、一通りの作業を体験してきていることから、一年間を振り返りながら、四月から三月までの年間作業をまとめたものでした。春に行う仮植は大変根気がいる作業だったようです。夥しい数の花の苗や種を一つ一つ慎重に丁寧に植えていく細かな作業は苦労が多かったと思います。そのことによって君の心が大きく成長したのかなと、今回の発表を聞いていて思いました。六月に行った大花壇の定植もみんなで協力して二千もの花を植えて、とてもきれいな花壇になったので、達成感があったと思います。普段お世話になっている方へお配りするプランターの寄せ植えも意義のある作業だね。私の住宅の玄関前にも置いてくれて、毎晩夕食前に水やりすることで大きく美しく育つ花を見て、本当に楽しませてもらいました。「園芸班」の皆さん、毎年本当に有り難う。

夏には夥しい数の雑草が凄い勢いで伸びるので、草取りや草刈りが大変な仕事だね。留岡自治会長で法人の理事でもある関根さんに、今年もいろいろと助けていただいたことを、君達生徒もしっかり覚えていて、感謝の言葉を聞くことができたので、私としても大変嬉しく思いました。秋の作業も土ふるいをはじめポットやトレイの水洗いなど根気と辛抱の要るものが多かったようです。冬には土焼きもする。ただ花壇の花を眺めてきれいだと喜んでいるだけの人にはわからない大変な苦労があるんだね。でも、そのことを実感している君達にとっては、花が何倍にも美しく愛おしく思えることでしょう。

去年は「蔬菜班」で今年は「園芸班」。S君は家庭学校で良い経験をしたね。前日のリハーサル後の夜や発表当日の朝にも原稿を書き直していたことを寮長先生から聞きました。君の努力が立派な発表として実ったと思います。これからの冬は来年度に向けた作業になります。今年もS君の口から「花の気持ちを考える」という「園芸班」に伝わるキーワードが聞けて、良い伝統が続いていることを実感し、私としても大変嬉しく思いました。

最後は「蔬菜班」です。トップバッターはK君でした。「栽培暦について」というテーマで、どれだけの野菜をどの時期に栽培したかをまとめていました。「蔬菜班」では四十種類もの野菜を育てていると聞いて、改めて家庭学校の「蔬菜班」活動の大きさと奥深さを感じました。一年間の暦を作って代表的な十種類の野菜の種まき、定植、収穫の時期を図示したアイデアも、見る人に説明内容がわかりやすくて、とても良かったと思います。それぞれの野菜の収穫量も数字で表されると、その量が多いことに今さらながら驚かされました。

家庭学校では無農薬有機栽培をしているので、雑草抜きには本当に苦労したようですが、K君は収穫の喜びを知って苦労した甲斐があったと思ったようです。「僕達が収穫した野菜を調理員さんや寮母さん達においしく料理してもらえる」、「自分が食べても他の人が食べてもとても美味しかったので、蔬菜班で頑張ってきて本当に良かった」という君の声が聞けて、私も本当に嬉しく思いました。

二番手は、S君で、「有機無農薬について」というテーマでの発表でした。「お礼肥」とか「中耕」、「追肥」、「草マルチ」などという専門用語に初めて接するとともに、肥料としての油かす、鶏糞のことや、土壌改良のための貝殻石灰、くん炭などの話も聞けて、私としては大変勉強になりました。

有機無農薬栽培は野菜の味が濃くなるし、健康面でも安心できるし、さらには自然環境も損なわないメリットがあるけれども、暑い中での草取りには大変な苦労を伴うということも君の発表を聞いて改めて実感しました。君の結びの言葉で「小さな種が凄く大きくなるのを見ていると凄いと思った」、「いろいろなことを学べたのでこれからも頑張っていこうと思います」という決意表明が聞けて、君が家庭学校に来た甲斐があったなと、私はしみじみ思っています。良い発表でした。

三番手は、S君で、「カボチャについて」というテーマで、カボチャの品種や歴史のことを深く調べてまとめた内容の発表でした。まず、カボチャの品種はたくさんあるけれども、種類としては「日本カボチャ」と「西洋カボチャ」の、大きく分けて二つになるということを、私は君の発表で知りました。

家庭学校では「雪化粧」、「ロロン」、「くり将軍」の三品種を作っていて、実物を前に並べて見せながらだったので、実感がわいて非常にわかりやすい説明でした。それらのカボチャを使った料理の写真も効果的だったと思います。第一日目の和田栄養士さんの発表の中でもカボチャの栄養価が特筆されるものだと聞いていたので、興味深く発表を聞きました。

さて、二日間の「作業班学習発表会」全体の大トリは、何と唯一の小学生のH君でした。中学生のお兄さん方の発表が続いた後なので緊張してないかなと少し心配していましたが、そんなことは全くなく堂々とした発表でした。真面目な顔をしながらとぼけたことを言う君のユーモアの才能を、私は初めて知りました。演題が「シソの歩む道」というちょっと文学的なタイトルで、シソについて深く調べた内容の発表でした。

発表の中でシソジュースを二種類、赤ジソで作ったものと青ジソで作ったものですが、それらの二つのカップを配って、会場のみんなに味見をしてもらったのはとても良いアイデアだと思いました。シソの葉の総収穫量が千四百何十何枚という数字だったのも面白かったです。全部数えていたのか質問したら、一部重量換算もあったとのことでした。結びの言葉の中で「収穫は一枚一枚大切に扱うのでとても大変でした」、「シソの葉を切ってしまうハプニングもありましたが、みんなで助け合いながら笑顔で作業することができました」、「これから物を大切にして生活しようと思いました」という、将に今のH君にとって一番大事な言葉が聞かれたので、これからを大いに期待したいと思います。

以上で、生徒一人一人への講評を終わります。

こうやってみんなで協力し合って、家庭学校を暮らしやすくし、みんなの作業の積み重ねが家庭学校を支えているのだという思いを、今回の発表を聞いて一層強くしました。そして世の中もそのようにして成り立っているのだと、私は考えています。それぞれ一人一人の仕事や役割が社会を支えているのです。家庭学校でそうした力を身に付けて、自信を持って社会に巣立っていってほしいと、私も先生方も願っています。

今年の発表会も大変充実した素晴らしい内容でした。二週間の準備期間と二日間の本番、生徒の皆さん、本当にご苦労様でした。指導に当たった先生方、大変有り難うございました。

そして何よりも、一年間を通じて、雨の日も風の日も雪の日も、子ども達に寄り添い励まして、懇切丁寧にご指導いただいた先生方に、今日は日曜なので分校の先生方はここにおられませんが、全ての先生方に、心より感謝申し上げます。〔収獲感謝特集号〕

6

平成 31 年度
(2019 年度)

校祖胸像が見守る家庭学校本館

月下推敲《げっかすいこう》

望の岡分校の卒業証書授与式が春分の日の三月二十一日に挙行され、小学六年生三名と中学三年生六名の計九名の卒業を生徒と先生方全員で祝福しました。今年も卒業生の家族の皆さんをはじめ、原籍校や児童相談所の先生方が全道各地から駆けつけてくださいました。さらには、法人役員や地域の皆様にも多数参列していただいて、厳粛な中にも心温まる素晴らしい卒業証書授与式となりました。

卒業や進級の節目に合わせて、三月には中学三年生五人と二年生一人の計六人の児童が巣立って行きました。そのうちの四人は児童養護施設、一人は障害児施設への措置替えとなり、四月からは移転先の施設から高校や中学校に通います。一人だけ家族の元に戻れましたが、平日は高等養護学校の寄宿舎暮らしとなるので、結局六人全員が団体生活を続けることになりました。どの子も家庭学校の濃密な寮生活の中で鍛えられ、互いに感化し合いながら大きく成長し、だいぶ人の気持ちがわかるようになりました。新しい世界でも周囲の人と協調しながら仲良く生活し、さらに成長してくれるものと思います。これからお世話になる施設や学校の先生方、どうか宜しくお願いします。家庭学校としてもアフターケア、連携・協力に努めさせていただく所存です。

今年度最後の校長講話を三月十日の日曜礼拝の中で行いました。文章を書く際に「推敲する」ということがテーマで、私が常々大事に思っていることの一つです。子ども達と職員に語って聞かせた内容の一部をご紹介させていただきます。

＊＊＊

今日は文章を書くときの心得について、少しお話ししたいと思います。家庭学校にいるみんなは、作文や日記などの文章をよく書くよね。一般の小学生や中学生よりも、もしかしたら文章を書く機会が多いかもしれません。「朗読会」の発表者に指名されたときや、研修旅行や運動会などの大きな行事の後とかにも少し長めの作文を書いていると思います。分校の国語の時間などにも作文を書くことがあるのかな。それと「特別日課」になって反省文を書くこともあるよね。何度か反省文を書いた人、いるでしょう。それから、毎日寮で日記も書いてるよね。

家庭学校にいる間は、毎日の生活を振り返りながら、自分を深く見つめるために、また、将来のことなどを考えるために、様々な文章を書くと思います。そうしたときに、書いた文章を何度も読み返して、もっと相応《ふさわ》しい表現がないかとか、言葉の順番を入れ替えたらどうだろうとか、いろいろと工夫して文章を練ることがとても大事だということをみんなにわかってもらうために、この紙に書いてあることをお話ししたいと思います。（「推敲」と大きく印字した紙を黒板に貼る。）

この字を読める人いるかな。大人でもなかなか読めないと思うのでね……、多分いないでしょう。（ところが意外にも、何人かから「スイコウ」という声が上がりました。嬉しい誤算でした。どうやら分校の授業で「推敲」を習ったようなのです。ただし、「推敲」という言葉の由来や、何故この普段見たことがない「敲」という難しい字を使うのかを尋ねると、皆首を傾げるばかりだったので、私としては意を強くして、目論みどおり今日の話を展開することにしました。）

そうだね。「スイコウ」と読むんだね。みんなよく勉強しているね。読み方が同じ言葉に「推考」があります。「道理や事情などを推しはかって考えること」を意味します。推理して考えることだね。こっちの「スイコウ」の方が馴染みがあると思います。「推敲」の方は、文章を何度も練り直すことを言います。「詩を作ったり文章を書いたりするときに、字句をさまざまに考え練ること」です。

この言葉は、中国の古典に出てくる言葉なので、こういう難しい漢字が今の時代にも伝わっているんだね。「敲」という字は「敲《たた》く」と読んで、「叩く」という字と同じ意味を持ちます。ドアや門の扉をノックする意味の叩くです。「推」の方は「推《お》す」と読んで、「押す」という字と同じ意味を持ちます。ドアや門の扉を手で押すという意味なんだね。

中国の唐の時代、日本でいえば奈良時代で、今から千三百年くらい前に相当する古い時代なのですが、その唐の時代のエピソードを紹介します。

その昔、唐の時代に、都の長安に科挙（官吏の登用試験）を受けるために遙々やって来た賈島《かとう》という僧侶がいました。その人はロバに乗りながら詩を作っていました。当時はロバが交通手段だったんだね。詩作の途中、「僧は推す月下の門」という一句を口ずさんでから、「推す」のほかに「敲く」という表現も思いついて、どちらにするか迷ってしまったのでした。彼は手綱をとるのも忘れて、手で門を押すまねをしたり、叩くまねをしたりしたのですが、なかなか決まらなかったようです。あまりにも夢中になっていたので、向こうから役人の行列がやってきたのにも気づかずに、その行列の中に突っ込んでしまいました。今で言えば交通事故を起こしちゃったんだね。

さらに悪いことに、その行列は長安の都の知事の韓愈《かんゆ》の行列であったため、賈島はすぐに捕らえられ、韓愈の前に連れて行かれました。これまた今で言えばテロ事件と間違えられたんだね。そこで賈島は事の経緯をつぶさに申し立てました。「詩を作るのに夢中になっていてロバの運転が疎かになってしまいました。スミマセン」と謝ったのだと思います。詩作の中で「推す」か「敲く」か迷っていると話したのです。そうしたところ、実は韓愈という人は優れた名文家でもあって、漢詩の大家でもあったようで、賈島の話を聞き終わると、「それは『敲く』の方がいいだろう、月下に音を響かせる風情があって良い」と言ったそうです。そうして二人は馬とロバを並べて歩きながら詩を論じ合ったという、そういうエピソードが残っています。賈島は僧侶でしたが、その後韓愈の門人となって詩人になったと伝えられています。

このことから「文章を書いた後、字句を良くするために何回も読んで練り直すこと」を「推敲」というのだそうです。この故事は『唐詩紀事』に書かれているもので、「僧推月下門（僧ハ推ス月下ノ門）」という句が残っています。

「推敲する」ということは、生徒ばかりでなく、実は大人、ここにおられる先生方にとっても、大変大事なことだと思います。私も文章を書くことがよくありますが、「推敲」ということをとても大事にしています。いつも手元に辞書を置いて、何度も何度も言葉の意味を確かめたり、もっと他に相応《ふさわ》しい言葉がないか類義語を調べたり、もちろん間違った使い方をしていないかなども点検したりしています。言葉の順番を変えてみたり、無駄に同じことを重複して言っていないかとか、自分では知っていることなので不注意で大事なことを書き漏らしていないかとかね。一つの文章を三回も四回も五回も読み直して、少しでも読む人にわかりやすい文章になるように努めています。書いた後少し時間を空けて、頭の中を一旦リセットして、例えば前の晩書いた文章を翌朝読み返してみると、書いたときやその直後には気づかなかった問題点が見えてくることがよくあります。

どんなに文章を書き慣れた人でも、文章の達人でも、頭脳明晰な人でも、一回で完璧な文章が書けることは、まずないと思います。書いた後に必ず注意深く読み返して、少しでもわかりやすい、伝わりやすい、誤解を生じさせない、相手が勝手な解釈をする余地がない、そういう文章作りをすることが大事であり、そのことを常に心掛けてほしいと思います。

みんなも単に国語の成績が良くなるためにというよりは、もちろんそれも大事なのですが、これから社会に出て、大人になって、自分の考えていることや相手に伝えたいことをわかりやすく文章にまとめることがとても大事になります。文章をまとめている間に自分の考え方が段々と鮮明になって、整理されていきます。

そういうわけで、私はこの「推敲する」ということがとても大事だと考えています。生徒も先生方もよく覚えていて、いつも「推敲」を心掛けてほしいと思います。今年度最後の校長講話を終わります。

＊＊＊

本館の校長室から住宅に向かって坂道を下る途中、ふと空を見上げるときれいな月が出ていました。今回のタイトルは「月下推敲」にしようと思い至りました。［4月号］

校長講話

あとがき

本書が北海道家庭学校の機関誌「ひとむれ」の月刊号と特集号の「巻頭言」を集めたものであることは、「はじめに」に記したとおりです。ただ、号によって随分と長さが違い、本当に「巻頭言」をそのまま掲載したものなのか疑問を持たれた方もおられると思います。結論から申しますと、本当に「巻頭言」そのままなのです。

月刊号の一頁はＢ４版を二つ折りにしたＢ５版サイズで、八十九年余り手作りで印刷してきているのですが、私が着任した五年前はまだ手書きの良さを重んじていたことから、手書きをそのままコピーするスタイルを堅持していたので、現在の活字のものに比べると一頁当たりの字数が少ない状況でした。したがって、私が書いた「巻頭言」の最初の五本は、その手書き作製のために一頁の字数が少ない状況であり、しかも新米校長としては一頁に収めることに腐心していたことから、短いものとなっています。

六本目からはパソコンで文章の作成、レイアウト調整などをしたものをコピー機で印刷するようになり、その後も試行錯誤を重ねながらだんだんと今の状況になり、それが定着してきております。それでも随分と長さに違いがあって一般の「巻頭言」のイメージからは逸脱しているようなのですが、その訳は、私の方でテーマによっては一頁で足りず、二頁、三頁と誌面を使ってしまい、最長のものは五頁費やした号もあるからなのです。そうでありながら、実は自分で言うのも何ですが、妙に几帳面で神経質なところがあって、全ての号のオリジナルの「ひとむれ」は頁の最終行にぴったり収めて、一応「巻頭言」としての体裁を保っているつもりです。ということで、長短いろいろ混じっておりますが、ご容赦願います。

さて、この『新世紀「ひとむれ」』の発行については、現在も編集作業が続いている『北海道家庭学校百年史』の編集委員長を務めていただいている北海道教育大学の二井仁美教授との懇談の中で想を得たものです。実はこの本の他に、さらにもう一つ、これは北海道家庭学校として編集を進めているものですが、『家庭学校へようこそ~北海道家庭学校・遠軽町立小中学校望の岡分校公式ガイドブック(仮称)』という本がありまして、現在最後の詰めの作業を行っているところです。北海道家庭学校として久し振りにこうした冊子を世に出して、広く多くの皆様の目に留めていただきたいと考えております。そうしたことの一環として、この『新世紀「ひとむれ」』が発行される運びとなりました。近い将来発行を予定しております『百年史』、『ガイドブック』も併せてお目通しいただき、一層ご理解を深めていただければ幸いです。

本書の出版に当たりご助言いただいた二井仁美先生と、大変お世話になった生活書院の髙橋淳氏に心より感謝申し上げます。

令和元年十一月

仁原 正幹

◉本書のテクストデータを提供いたします
　本書をご購入いただいた方のうち、視覚障害、肢体不自由などの理由で書字へのアクセスが困難な方に本書のテクストデータを提供いたします。希望される方は、以下の方法にしたがってお申し込みください。

◎データの提供形式：CD-R、フロッピーディスク、メールによるファイル添付（メールアドレスをお知らせください）
◎データの提供形式・お名前・ご住所を明記した用紙、返信用封筒、下の引換券（コピー不可）および200円切手（メールによるファイル添付をご希望の場合不要）を同封のうえ弊社までお送りください。

◉本書内容の複製は点訳・音訳データなど視覚障害の方のための利用に限り認めます。内容の改変や流用、転載、その他営利を目的とした利用はお断りします。

◎あて先：
〒160-0008
東京都新宿区四谷三栄町6-5 木原ビル303
生活書院編集部　テクストデータ係

【引換券】
新世紀「ひとむれ」

著者紹介

仁原 正幹（にはら・まさき）

昭和29（1954）年、北海道富良野市生まれ。
京都大学教育学部卒業。
北海道立向陽学院長、北海道中央児童相談所長などを経て、
平成26（2014）年4月から社会福祉法人北海道家庭学校・校長。

新世紀「ひとむれ」
――北海道家庭学校の子ども達

発　行――二〇一九年一二月二〇日　初版第一刷発行
著　者――仁原 正幹
発行者――髙橋 淳
発行所――株式会社 生活書院
〒一六〇―〇〇〇八
東京都新宿区四谷三栄町六―五 木原ビル三〇三
TEL 〇三―三二二六―一二〇三
FAX 〇三―三二二六―一二〇四
振替 〇〇一七〇―〇―六四九七六六
http://www.seikatsushoin.com

印刷・製本――株式会社シナノ

Printed in Japan

ISBN 978-4-86500-107-5